Objets de nos campagnes

Poupon gâtinais dans sa « carriole » ou « cabernotte ».
Cet objet servait à maintenir le bébé emmaillotté debout
(à la maison ou aux champs).
Carte postale datée du 18 mai 1907.

La mémoire du temps

Objets de nos campagnes

Bernard Briais

De Borée

Cet ouvrage a été réalisé par Concept-Image Associés
Production : Jean-Paul Paireault
Édition : Laurence Bulle

53, rue Fernand-Forest, Z.A de l'Artière, 63540 Romagnat
www.deboree.com
Achevé d'imprimer à Pont-L'abbé (France) : août 2007
Dépôt légal : septembre 2007
ISBN 978-2-84494-631-7

Aux enfants de France.

La France est notre patrie.

C'est un beau et doux pays. Il produit le blé, la vigne, les fruits, les riches pâturages.

Les Français, nos ancêtres, ont fait la France grande et belle.

Enfants, apprenez à connaître la France et à l'aimer !

Soyez de bons Français !

*Première page d'un livre d'*Histoire de France *vers 1920 (par Blanchet et Toutain, Librairie Classique Belin). La douce France des campagnes, illustrée par des scènes de labour, de moisson, de pâturages et de vendanges.*

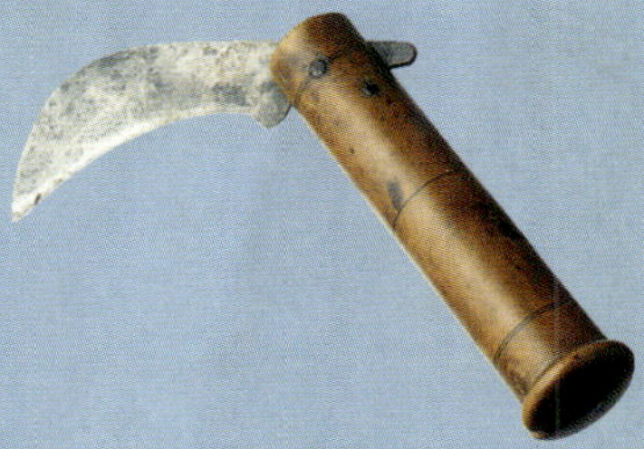
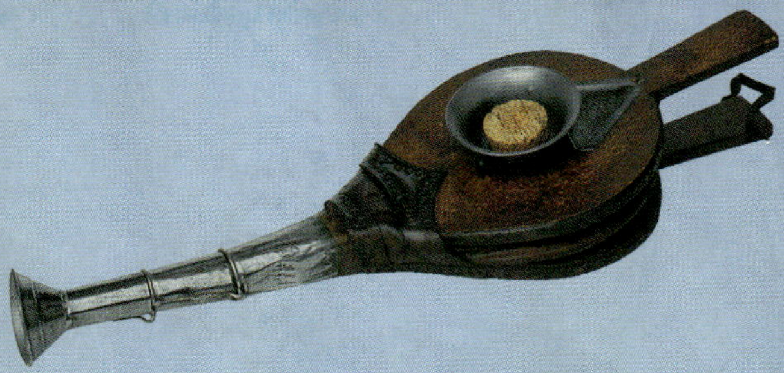

GARDE
LA
LOI
CHAMPETRE et FORESTIER

Introduction

« *Objets inanimés, avez-vous donc une âme*
Qui s'attache à notre âme et la force d'aimer ? »
Alphonse de Lamartine

Qu'il paraît loin le temps où, dans les campagnes françaises, le paysan semait son blé à la volée, battait son grain au fléau et coupait son foin à la faux ! Il mangeait le pain pétri dans sa huche, buvait le vin tiré de ses tonneaux, tuait le cochon à l'entrée de l'hiver, filait parfois la laine de ses moutons. Comme le faisaient ses ancêtres depuis la nuit des temps, il traçait le sillon de sa vie jour après jour, au rythme lent du cheval de labour, en harmonie avec le cycle des saisons.

C'était l'époque où l'on pratiquait une agriculture à taille humaine, très « terre à terre », respectueuse de la nature ; une polyculture destinée avant tout à assurer la nourriture de la cellule familiale. Le surplus, quand il y en avait, était vendu au marché du bourg voisin.

La société rurale semblait figée pour toujours, comme sur les tableaux de Jean-François Millet (1814-1875). À la vie effrénée des grandes villes, lieux des nouveautés et de tous les changements, s'opposait l'ordre immuable et rassurant des champs.

Or, brusquement, un véritable ouragan s'est mis à souffler sur ce monde qui paraissait si stable et, en quelques décennies, les

Un fabricant de râteaux corrézien.

Page ci-contre, une jeune paysanne menant trois bœufs devant sa ferme, dans la Montagne noire à la lisière de l'Aude et du Tarn, vers 1900.

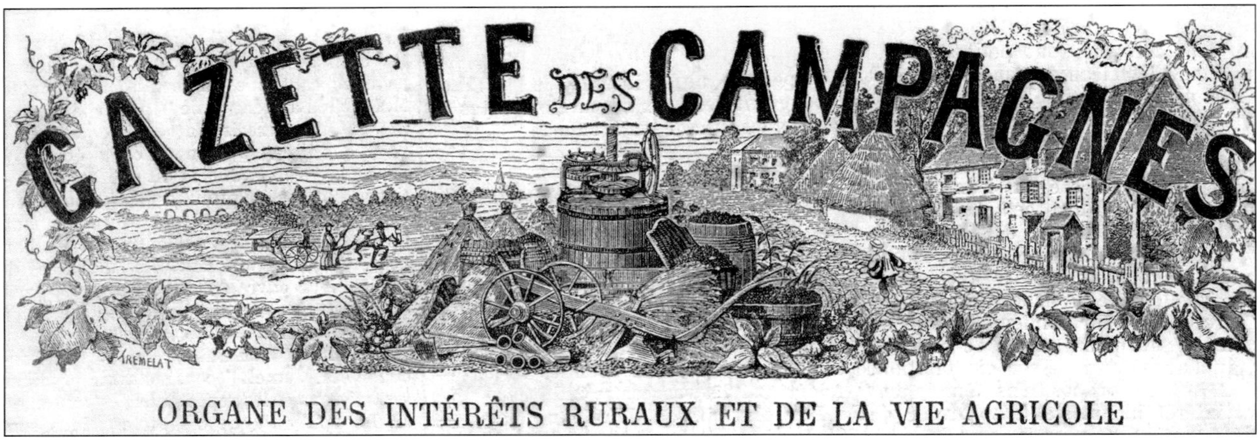

Titre illustré du journal hebdomadaire la Gazette des Campagnes, *1889.*

La fenaison, *gravure de Strong pour le livre* Restez aux champs *de L. Magnier, fin* XIXe *siècle.*

Page ci-contre, cette fermière utilise une baratte verticale en grès, fermement maintenue entre ses jambes. Cette opération très pénible peut durer jusqu'à deux heures, avant que la crème ne tourne en beurre.

campagnes ont subi plus de transformations que pendant les dix siècles précédents.

Tout a commencé dans les dernières années du XIXe siècle avec l'arrivée du machinisme agricole, un phénomène qui n'a cessé de s'amplifier par la suite, chassant des villages les bras devenus inutiles, une évolution que l'académicien André Theuriet prédisait déjà en 1888 : « *Avant peu, l'industrie mettra la main sur ces champs, ces prés et ces bois où la petite culture agonise, [...] les machines supprimeront l'emploi de ces élémentaires et décoratifs outils qui contribuaient à la poésie du travail rustique : la charrue à vapeur se substituera à l'araire antique, comme la batteuse s'est substituée au fléau et au van. Les moissonneuses et les faucheuses mécaniques enlèveront au travail individuel ce caractère spontané, cet imprévu, cette liberté d'allure qui en constituaient la beauté plastique [...]. On n'épargnera même pas les arbres épars dans les champs, ni les haies verdoyantes s'élevant au-dessus des chemins creux. Tout ce qui ne sera pas d'une utilité directe disparaîtra.* »

Bon visionnaire, André Theuriet avait vu juste : la mécanisation sonna, à court terme, le glas de la paysannerie traditionnelle. Les champs, soumis à un remembrement aveugle, s'adaptèrent aux méthodes nouvelles, le paysage s'américanisa, et le cultivateur découvrit un métier inédit qui n'avait plus grand-chose à voir avec celui qu'exerçaient ses ancêtres.

Aujourd'hui, la mutation arrive à son terme : les paysans, qui représentaient au milieu du XIXe siècle plus de la moitié de la population active, n'en constituent plus maintenant qu'un ou deux pour cent. Les campagnes se sont désertifiées et les jachères se sont multipliées tandis que les bâtiments inoccupés s'écroulent lentement et que les ronces se lancent à l'assaut des champs abandonnés.

Alors, peu à peu, dans l'inconscient collectif de la société actuelle en quête de repères et de valeurs, s'est développé le mythe d'un paradis perdu, un éden englouti à jamais dans l'océan de la modernité, l'idée d'une époque légendaire que l'on devine dans les œuvres de certains poètes ou romanciers de jadis, ou encore dans les récits de quelques aînés aux souvenirs enjolivés par l'âge.

Le succès remporté par les fêtes paysannes à l'ancienne, organisées un peu partout en France durant l'été, témoigne de cette nostalgie à l'égard d'un « bon vieux temps » réinventé et idéalisé. Des reconstitutions

Au cours de la fête du battage à l'ancienne de Luzillé (Indre-et-Loire), l'homme est juché sur la charette et, à grandes fourchées, alimente la batteuse située à proximité.

Ces bergères des Causses, assises sur leurs trépieds, sont en train de traire les brebis, sous le regard du chien gardien de troupeau.

folkloriques au cours desquelles de vieux paysans refont labours, moissons ou battages comme autrefois, retrouvant, pendant quelques heures, les gestes oubliés depuis bien longtemps, pour la plus grande joie de citadins à la recherche de leurs racines terriennes. Images magnifiées d'une ruralité de carte postale où le dur labeur d'antan est transformé en un plaisant divertissement, un passé édulcoré qu'on se complaît à conjuguer au «plus-que-parfait».

Car, était-elle si enviable la vie de ces paysans de jadis trimant à longueur d'année, courbés sur un sol ingrat, les reins brisés, les mains calleuses, le visage brûlé par le soleil

Le départ des vignerons pour les vendanges, à Montbrun (Aude), vers 1910.

d'été, les mains gercées par le froid de l'hiver, le corps sans cesse malmené, trop tôt vieilli ?

Faut-il regretter les seaux à remonter du puits, la lessive dans l'eau froide du lavoir, la chandelle ou la lampe à huile qui éclairaient à peine le logis au plafond bas, les fleurs de givre sur les carreaux de la chambre, une vie courte, une mortalité infantile élevée ? En tout cas, on ne doit pas l'oublier. Et tous les objets rassemblés dans cet ouvrage permettent de mieux appréhender le travail et l'existence de ces hommes et de ces femmes qui appartenaient vraiment à un « autre » monde, un monde si proche de nous dans le temps, et qui nous semble pourtant si lointain !

Vers 1892, les moulins de la Galère et Davy-Moisant dont les ailes sont équipées du système Berton, à Saumur, Maine-et-Loire.

La famille prend un peu de repos pendant le casse-croûte au cours de l'arrachage des pommes de terre.

Le travail de la terre

Le temps des labours

« Travaillez, prenez de la peine ;
C'est le fonds qui manque le moins. »
Jean de La Fontaine, *Le laboureur et ses enfants*

IX. Le Laboureur et ses Enfans.
Travaillez, prenez de la peine :
C'est le fonds qui manque le moins.

Le laboureur et ses enfants. *Premiers vers et gravure de la célèbre fable de Jean de La Fontaine,* XVIIe *siècle.*

Une scène de labour : un paysan guidant la charrue tirée par un attelage de quatre bœufs, début XXe *siècle.*

Page ci-contre, Les travaux des champs : agriculture, semailles, labourage. *Planche d'un volume d'illustrations de l'Encyclopédie de Diderot, édition originale 1762.*

Pour le paysan d'autrefois, la terre qu'il cultivait était semblable à une maîtresse. Il la courtisait, la dorlotait, la comblait d'attentions. Une maîtresse exigeante, capricieuse, parfois rebelle. Il devait faire preuve de beaucoup de patience pour l'apprivoiser, la dompter, lui faire produire le meilleur d'elle-même.

Même ingrate, même chétive, le paysan éprouvait un véritable attachement pour cette glèbe qui lui collait aux pieds comme si elle voulait le retenir, et au sein de laquelle il savait qu'il retournerait un jour ; une passion que les écrivains des villes ont trop souvent prise pour de la cupidité. *« Lorsque ses pièces ne demandaient pas de travail, il y retournait pour les voir, en amoureux. Il en faisait le tour, se baissait et prenait, de son geste accoutumé, une poignée, une motte grasse, qu'il aimait à écraser, à laisser couler entre ses doigts, heureux surtout s'il ne la sentait ni trop sèche ni trop humide, flairant bon le pain qui pousse. »* (Émile Zola, *La Terre*)

Pour que cette terre nourricière produise les meilleures récoltes possibles, le paysan était tenu, tout au long de l'année, de s'occuper d'elle, de lui prodiguer de multiples soins. Il lui fallait surtout, avant de la féconder, l'inciser, creuser à sa surface ces sombres

fig. 5
fig. 6
fig. 7
fig. 1
fig. 4

Herse double

La traction s'effectuait par l'intermédiaire de chaînes fixées aux deux crochets.

Paysan au labour avec sa charrue tirée par un attelage de deux chevaux.
Gravure de Strong pour le livre Restez aux champs *de L. Magnier, fin* XIX*e siècle.*

et gras sillons qui abriteraient la précieuse semence et qui la porteraient, le moment venu, à maturité.

Labourer la terre ! Plus qu'un travail, un art difficile, qui ne nécessitait pas seulement d'avoir de bons bras et de la résistance physique, mais qui exigeait également beaucoup d'expérience et de savoir-faire.

En effet, il était indispensable d'adapter sa pratique aux qualités du sol, aux aléas du climat, au temps qu'il faisait. On ne labourait pas de la même manière un terrain sec ou un terrain lourd, un champ pentu ou un champ horizontal, une terre argileuse ou un sol caillouteux.

Des années d'apprentissage étaient nécessaires pour former un « bon » laboureur, celui qui se distinguerait aux concours de labour lors des comices agricoles. Celui dont le champ fraîchement retourné ferait l'admiration des connaisseurs avec ses sillons parfaitement droits, réguliers, comme s'ils avaient été tracés au cordeau : la preuve que ce laboureur-là possédait une parfaite maîtrise de sa charrue et de son attelage.

Araire

Légère, facile à construire et à entretenir, l'araire est la plus ancienne charrue du monde. En revanche, elle ne fait qu'« égratigner » le sol. Son usage a progressivement disparu avec la généralisation des labours profonds.

Car, avant l'apparition des tracteurs, le travail se pratiquait toujours en couple : il y avait le paysan bien sûr qui dirigeait la manœuvre, mais il y avait aussi l'attelage qui tractait la charrue.

Dans tout le Nord-Est de la France et dans le Bassin parisien, on utilisait la force de robustes chevaux, percherons, boulonnais ou flamands, seuls ou attelés en ligne (les uns derrière les autres). Le laboureur les guidait habilement du bout de son long fouet et les encourageait de la voix. Il s'établissait, entre l'homme et ses bêtes, une subtile complicité.

« - *Allons Coquette, encore une heure et on dételle ! Qu'entendent-ils de nos paroles, au-delà de la voix familière dont le moindre murmure fait courir un frisson sur leur échine ? Qu'attendons-nous d'eux, de leur entendement de bêtes de somme, pour les apostropher comme on le ferait avec des humains ? Mais c'est efficace, et cela nous suffit. Leur pas se fait plus vif, les colliers craquent, les chaînes se raidissent. Et les chevaux, le cou tendu, geignent en regardant le bout du champ...* » (Louis Lebourdais, *Les Choses qui se donnent*, 1995)

Labourage en France en 1890 avec machines à vapeur.

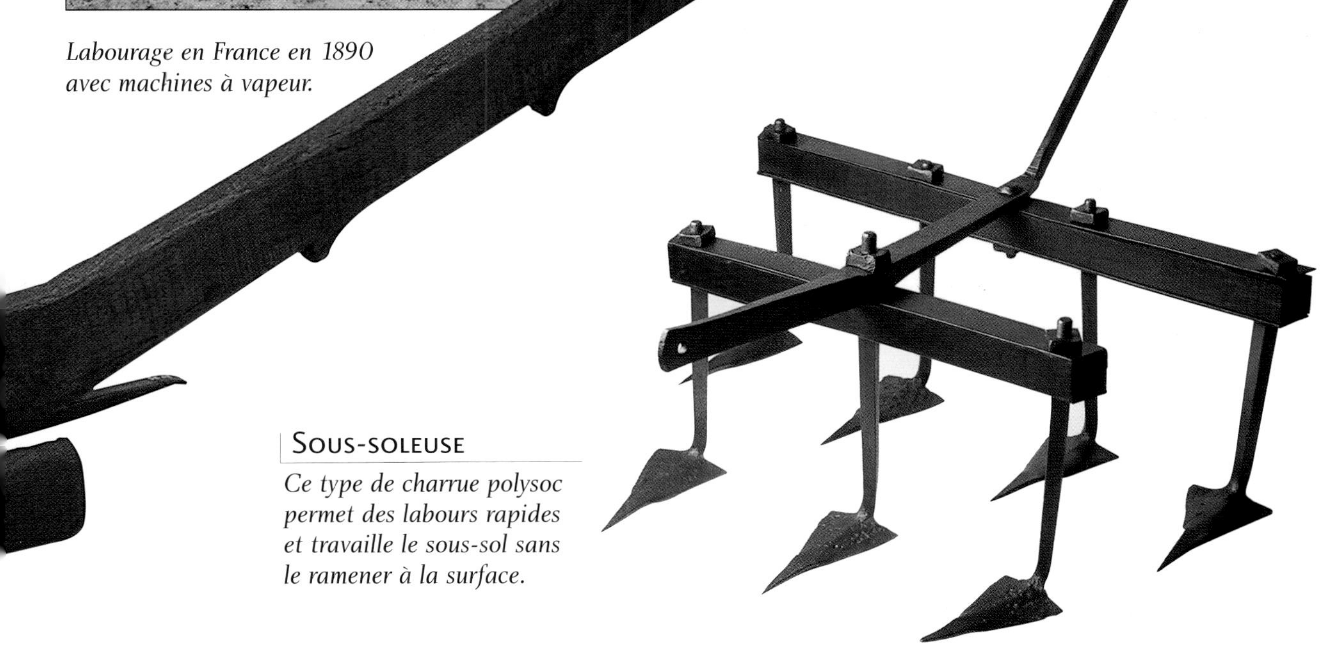

SOUS-SOLEUSE

Ce type de charrue polysoc permet des labours rapides et travaille le sous-sol sans le ramener à la surface.

« La glèbe aux mottes luisantes [...] »
André Theuriet, *L'espérance d'une belle récolte.*

Collier à âne

Classique collier de traction.

Herse en bois

Petite herse, pour âne ou mule, maniée comme une charrue, spécialement conçue pour les champs étroits.

Dans la France du Sud, les chevaux étaient souvent remplacés par des bœufs, plus lents, à l'allure plus grave, allant toujours par paires, réunis par un joug en bois ; bœufs blancs du Charolais, bœufs rouges du Limousin. Là aussi, entente parfaite, communion totale entre l'homme et ses animaux !

Dans beaucoup de régions, la tradition voulait que le bouvier, tout en travaillant, entonne une chanson, une longue mélopée aux accents monotones. On l'appelait la chanson de l'« araudage » en Poitou, du « briolage » dans le Berry.

« On n'est point un parfait laboureur si on ne sait chanter aux bœufs », écrivait George Sand dans *La Mare au diable*. Nombre d'écrivains ont, comme elle, été sensibles à ces scènes de labourage, tel l'académicien André Theuriet en 1888 dans *La Vie rustique* : *« Courbant leurs têtes puissantes sous le joug, les bœufs s'avancent de front et tirent vigoureusement, en arc-boutant contre la glèbe leurs jambes cagneuses. [...] Près d'eux, le bouvier, réglant son pas sur le leur, touche légèrement leur front cornu du bout de son aiguillon, et cette brève caresse suffit pour les faire marcher droit. Courbé sur la charrue dont il tient le manche de ses mains terreuses, le laboureur soulève ou enfonce le soc. Derrière, la glèbe creusée montre ses flancs bruns aux mottes luisantes, d'où émane un bon parfum d'humus. »*

Apparu au Moyen-Orient, plusieurs millénaires avant notre ère, l'araire primitif n'effectuait guère, avec son soc, qu'un grattage superficiel du sol. Mais il n'a cessé d'être amélioré pour aboutir à la charrue proprement dite qui creusait la terre en profondeur. Dès le premier siècle après J.-C., en Italie, l'adjonction d'un avant-train composé de deux roues rendait l'outil plus maniable. Plus tard, en Europe du Nord, une sorte de couteau vertical, le coutre, placé devant le soc, ouvrait le sol en le fendant verticalement. En 1837, l'Américain John Deere déposait le brevet d'une charrue munie d'un versoir capable de retourner vraiment la terre tandis que, de Belgique, arrivait une autre innovation, la charrue de Brabant composée de deux charrues symétriques superposées que l'on pouvait utiliser alternativement en les faisant pivoter l'une sur l'autre. Ce « brabant » permettait au laboureur arrivé au bout de son champ de changer de sillon en continuant à « verser » la terre du même côté.

OMBIET

Tresse de cuir ou de nerf de bœuf à poser sur un joug à bœuf ou à vache afin d'y introduire le timon des instruments à tracter.

CAISSES DE BÂT

Ces caisses amovibles étaient utilisées pour le transport du fumier ou de la terre.

Plusieurs labours étaient généralement nécessaires sur le même champ au cours de l'année. Le principal, le plus profond, se situait à l'automne, après que l'on eut répandu le fumier sur le sol ou, plus tard, les divers engrais artificiels.

Dans la Drôme, au moment de la Pentecôte, avait lieu chaque année, pendant trois jours, la « fête des laboureurs ». Le premier jour, les paysans endimanchés, portant des bouquets d'épis, assistaient à la messe dans l'église paroissiale avant d'aller danser sur la place du village. Le lendemain, montés sur des mules, leur femme ou leur fille en croupe, ils se rendaient de maison en maison pour distribuer le pain bénit la veille. Le dernier jour, pour clore les festivités, les laboureurs se mesuraient lors d'un concours qui devait désigner celui qui, parmi eux, se montrerait le plus habile à tracer les sillons.

Civière à fumier

Utilisée dans les régions montagneuses pour transporter à bras le fumier de la ferme jusqu'aux champs.

JOUG À UNE TÊTE

Rare spécimen de joug pour attelage avec un seul bœuf ou une seule vache.

« J'ai deux grands bœufs dans mon étable,
Deux grands bœufs blancs marqués de roux [...] »
Chanson de Pierre Dupont, 1845.

ROULEAU À POINTES

Un des premiers instruments combinés, il effectuait en un seul passage le travail de la herse et celui d'un rouleau, avec une excellente efficacité.

Le geste auguste du semeur

« Il marche dans la plaine immense,
Va, vient, lance la graine au loin […] »
Victor Hugo

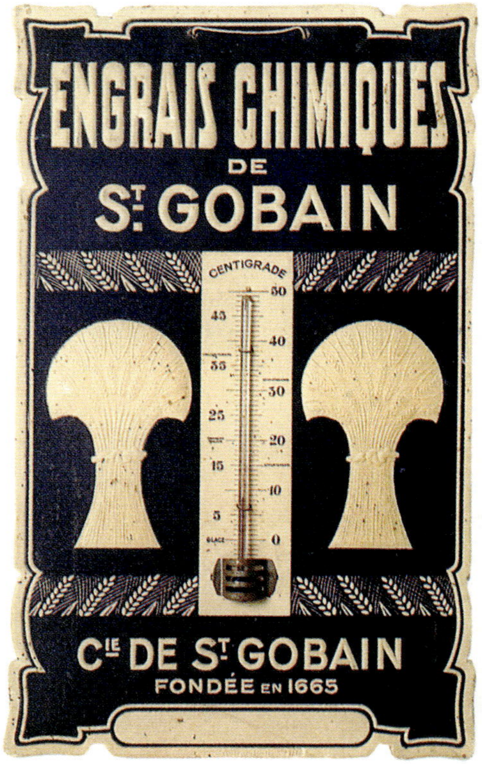

Plaque émaillée Saint-Gobain

Une des multiples réclames du début du XXe *siècle pour les engrais chimiques. Celle-ci associe, de manière intéressante, la confiance (« fondée en 1665 »), la promesse d'une belle récolte (les gerbes) et la météo (le thermomètre).*

Page ci-contre, L'automne aux champs : les semailles. *Poème illustré extrait d'un livre de récitations de 1882.*

La terre façonnée, devenue guéret, était prête pour recevoir la précieuse semence. C'est en automne, à partir de la dernière quinzaine de septembre, et jusqu'aux alentours de la Saint-Martin (11 novembre), que le paysan semait le blé d'hiver, des grains qu'il avait soigneusement prélevés sur sa récolte précédente ou qu'un de ses voisins lui avait gracieusement fournis. Avant d'être confiée à la terre, la semence était chaulée à l'aide d'un mélange de sulfate de cuivre et de lait de chaux.

Les semailles s'effectuaient à la main, le paysan portant sur le ventre une sorte de grande poche en toile ou encore une corbeille en osier (appelée « paillon » en Touraine) maintenue par des bretelles passées autour du cou.

Marchant d'un pas régulier, il lançait le grain à la volée : de la main droite quand il avançait le pied droit, de la main gauche quand il avançait le pied gauche, couvrant à chaque passage la largeur de plusieurs sillons. Ses gestes étaient parfaitement synchronisés et maîtrisés afin d'emblaver le plus harmonieusement possible le champ.

Ces semailles, lourdes d'espérance, porteuses de récoltes à venir, revêtaient un aspect symbolique, quasi religieux, renvoyant

L'AUTOMNE AUX CHAMPS

Récitation

Avant que l'hiver ne commence,
La terre reçoit la semence .

Dans les sillons, à pleine main ,
Le semeur a jeté le grain.

à maintes références bibliques. Elles inspirèrent aussi les artistes, peintres et poètes. Nombre de générations de petits écoliers ont ânonné le fameux poème dans lequel Victor Hugo a célébré, dans le soir tombant, *« le noble geste du semeur »*.

« Il marche dans la plaine immense,
Va, vient, lance la graine au loin,
Rouvre sa main et recommence,
Et je médite, obscur témoin,
Pendant que, déployant ses voiles,
L'ombre, où se mêle une rumeur,
Semble élargir jusqu'aux étoiles
Le geste auguste du semeur. »

De son côté, Émile Zola, dans *La Terre*, a décrit les semailles, en automne, sur la terre de Beauce :

« Et toujours, et du même pas, avec le même geste, il allait au nord, il revenait au midi, enveloppé dans la poussière vivante du grain ; pendant que, derrière, la herse, sous les claquements

Gravure extraite du catalogue de la Manufacture Française d'Armes et Cycles de Saint-Étienne, 1913.

Rouleau plombeur

Taillé dans un tronc d'arbre, ce modèle ancien a été ensuite remplacé par des modèles de conception similaire, mais à rouleau de fonte.

du fouet, enterrait les germes, du même train doux et comme réfléchi. De toutes parts on semait : il y avait un autre semeur à gauche, à trois cents mètres, un autre plus loin, vers la droite, et d'autres encore s'enfonçaient en face dans le lointain. [...] Tous avaient le geste, l'envolée de la semence, que l'on devinait comme une onde de vie autour d'eux. La plaine en prenait un frisson, jusque dans les lointains noyés, où les semeurs épars ne se voyaient plus. »

L'apparition des semoirs mécaniques fit peu à peu disparaître les semailles à la main, procurant un gain de temps appréciable. En outre, les semoirs en ligne, en répartissant les grains en raies parallèles dans le champ, facilitaient les soins culturaux, notamment le binage ou le sarclage.

Sur le champ fraîchement ensemencé, on passait la herse puis le rouleau pour que le grain pénètre mieux dans les guérets et soit à l'abri des intempéries et des oiseaux.

Semoir

Récipient à semer en fer-blanc, plus pratique que le tablier relevé en poche ou le panier tenu au bras gauche, ce semoir ventral date de la fin du XIXe siècle.

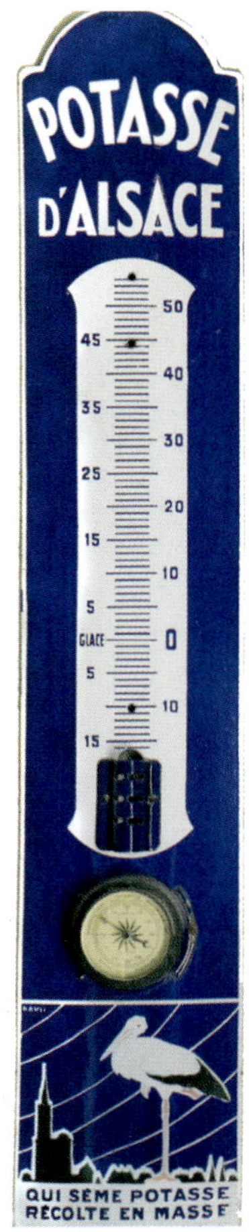

Thermomètre et baromètre

Publicité sur plaque émaillée pour la potasse d'Alsace, début XXe siècle.

La moisson

« *La moisson est la couronne de l'agriculture, [...]* »
Louis Liger

Carte postale publicitaire datant de 1931, et la même machine dans la plaine céréalière de la Champeigne tourangelle, en 1938.

Avec l'été, arrivait le temps fort de l'année agricole, le moment tant attendu, celui de la moisson ! *« La moisson est la couronne de l'agriculture, la récompense des dépenses et des sueurs du laboureur, l'espérance de sa famille, la sûreté du maître, la vie et la richesse de tout l'État. »* (Louis Liger, *La Nouvelle Maison rustique*)

De plus en plus anxieux, le paysan n'en finissait pas de regarder le ciel. Il craignait par-dessus tout l'orage porteur de grêle qui, en quelques instants, risquait de réduire à néant les efforts de toute une année. Il redoutait aussi le coup de vent violent qui verserait les blés, ou encore la pluie incessante qui ferait pourrir sur pied la récolte.

Tous les hommes des campagnes connaissaient l'antique adage : *« On n'est assuré de ses grains que lorsqu'ils sont dans la grange ! »*

Aussi, quand le paysan jugeait que les épis étaient mûrs à point, s'empressait-il de moissonner, sans perdre de temps, en proie à cette « fièvre de moisson » dont parle Émile Zola, *« une fièvre spéciale, la grande crise annuelle de sa passion de la terre, tout un tremblement intérieur, la tête en feu, le cœur battant, la chair secouée, devant les épis murs ».*

Tôt le matin, alors que le soleil levant éclairait à peine l'horizon, les moissonneurs se mettaient en route, profitant de ces heures

La pénible moisson à la faucille, dans la région de Gaillac (Tarn), fin XIXe siècle.

Moisson à la moissonneuse-lieuse (vers 1920-1930) : deux hommes suffisent alors à accomplir le travail de l'équipe de moissonneurs à la faucille. La machine est de marque américaine, les États-Unis possédaient alors une énorme avance en ce domaine.

encore fraîches de la journée pour s'avancer le plus possible dans leur travail. Ils savaient qu'au fur et à mesure que le soleil monterait dans le ciel, la tâche deviendrait de plus en plus pénible.

Seule coupure dans cette longue journée : le repas de midi pris sur place, suivi d'une courte sieste réparatrice à l'ombre d'une haie ou d'un pommier. Après quoi, le dur travail reprenait jusqu'à la tombée de la nuit, les hommes ne s'interrompant que pour se désaltérer ou pour battre ou aiguiser la lame de leur faux

À l'origine, le blé était coupé à la faucille par un « scieur ». Il était suivi par une femme qui rassemblait les tiges en javelles et par un homme (appelé parfois « calvanier »), qui liait ces javelles en gerbes à l'aide de paille de seigle.

Ensuite, les gerbes étaient regroupées en tas : de dix dans le Nord (les « diseaux »), de treize dans le Berry (les « treiziaux »), de dix-sept en Champagne (les « carrés ») etc., formant ces petites meules appelées « moyettes » dans nombre de régions.

Puis la faux remplaça la faucille, permettant une plus grande efficacité. Les moissonneurs, en ligne, légèrement décalés les uns par rapport aux autres – le plus expérimenté devant, le plus jeune en dernier – balançaient d'un ample mouvement leur faux munie d'un « râteau », un dispositif composé de trois ou quatre baguettes de bois parallèles à la lame destiné à rabattre les tiges.

En juin, les écoliers ruraux étaient autorisés à manquer la classe pour aider aux travaux des champs.

Lorsque le champ était moissonné, la coutume ancestrale du glanage permettait aux habitants de la commune dépourvus de terre de venir ramasser les épis oubliés, l'occasion pour eux de se procurer un peu de grain pour leurs poules.

Au XIXe siècle, les premières machines agricoles firent leur apparition. Ce fut d'abord la faucheuse, mise au point aux États-Unis par Cyrus Mac Cormick en 1831 puis, quelques décennies plus tard, la moissonneuse-lieuse qui non seulement coupait les blés, mais les mettait automatiquement en gerbes. Toutes ces machines étaient tirées par des chevaux ou des bœufs avant l'arrivée des tracteurs et leur généralisation dans les campagnes françaises dans les années qui suivirent la Seconde Guerre mondiale.

Les gerbes restaient parfois sur le champ quelques jours avant d'être chargées dans les charrettes qui les ramenaient à la ferme. Le transport de la dernière gerbe, signe de la fin des moissons, était l'occasion d'une fête, une vieille coutume signalée déjà au XVIIe siècle par l'abbé Michel de Marolles dans ses *Mémoires* :

« Après la moisson, les paysans choisissaient un jour de fête pour s'assembler et faire un petit festin qu'ils appelaient l'oison de métive. »

Bâton tressé

D'usage identique à celui du « liadou ».

Onglet

Enfilé à la main gauche, il servait à rabattre les épis vers la faucille manipulée de la main droite, tout en protégeant les doigts des moissonneurs.

Liadou

Ce bâton servait à former les gerbes : au sol, on posait un lien, puis on y déposait une brassée de paille ; tout en tenant les deux extrémités du lien d'une main, on nouait les gerbes de l'autre, avec le liadou.

Tonnelet « barricot »

Dit « de moissonneur », il était facile à transporter et à suspendre grâce à son anse. On l'emportait avec soi dans les champs.

Au début du XXe siècle encore, cette tradition subsistait dans beaucoup de provinces (c'était la « gerbaude » dans le Sud-Ouest, le « beurlot des moissonneurs » dans le Centre, etc.). La dernière gerbe (ou « maîtresse gerbe »), décorée de fleurs des champs et surmontée d'une croix confectionnée à l'aide d'épis, était ramenée solennellement jusqu'à la ferme, entourée de tous les moissonneurs. Un joueur de vielle ou de cornemuse ouvrait la marche. La croix d'épis était fixée à la porte de la grange où elle resterait jusqu'à la prochaine moisson. Un repas, copieux et bien arrosé (appelé le « chien de moisson » en Champagne), souvent suivi de danses, terminait cette joyeuse journée.

RÂTEAU À BLÉ

Râteau rustique à dents très espacées pour ne pas abîmer les épis. Le manche est fait d'une branche courbe.

FAUX ARMÉE

Ce type de faux, dite aussi faux à râteau ou fauchon, surtout utilisée pour la moisson, permettait, d'un seul et même geste, de faucher le blé et de le rabattre en javelles régulières.

Le battage des grains

« Une rude journée, qui absorberait jusqu'au soir toutes les énergies de la ferme, [...] »
Dominique Dunois, *Georgette Garou*

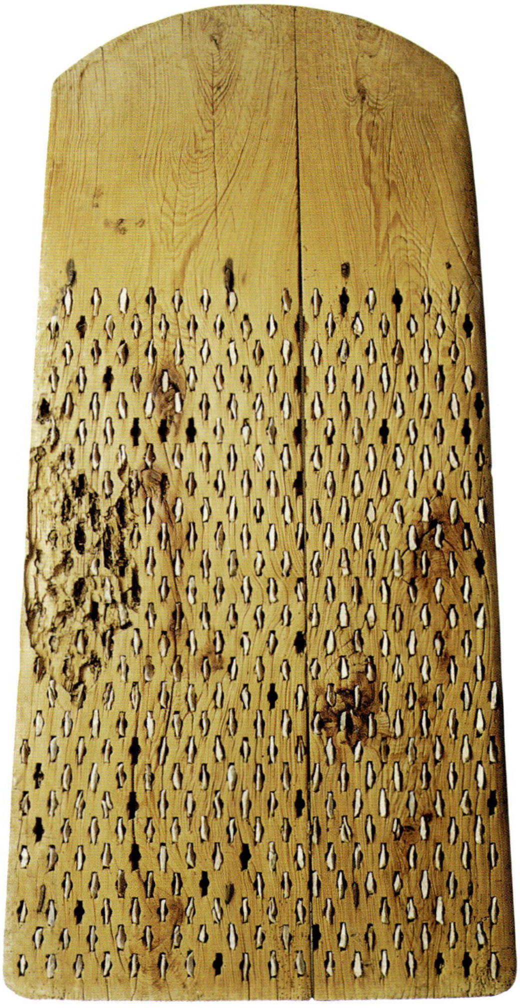

TRIBULUM

Dit aussi « trillo », cet instrument très ancien est incrusté de lames de silex. Son usage est le même que celui du rouleau à dépiquer.

Page ci-contre, la vanneuse tamise le grain laissant échapper la balle au gré du vent, Haute-Garonne.

Pour séparer le grain de la paille, les techniques traditionnelles, dépiquage ou battage au fléau, déjà utilisées dans l'Antiquité, étaient toujours pratiquées à la veille de la Première Guerre mondiale dans les petites exploitations des zones de montagne ou en Corse.

Le dépiquage consistait à étaler les gerbes déliées sur une aire (une surface de terre dure préalablement bien nettoyée) afin de les faire piétiner par des animaux tournant en rond : chevaux, bœufs ou ânes. On pouvait également utiliser un rouleau, en pierre ou en bois, traîné lui aussi par un animal. Dans les deux cas, le but recherché était de faire sortir les grains de la balle qui les enveloppait et de les séparer également de la paille.

Une autre méthode consistait à frapper les gerbes à l'aide d'un fléau. Celui-ci se composait de deux parties réunies par des lanières en cuir : un long manche et un battoir (ou batte) plus court, en bois très dur (en cornouiller très souvent). Le maniement de cet outil s'avérait particulièrement éreintant.

Le seigle, dont on voulait conserver la paille intacte pour la couverture des toits ou pour faire les liens qui serviraient à attacher les gerbes de la prochaine moisson, n'était pas battu au fléau. Le paysan prenait

La locomobile à vapeur entraîne la batteuse.

les poignées d'épis dans sa main et les frappait sur les douelles d'un tonneau pour les égrener sans abîmer la paille.

Une fois dépiqué ou battu au fléau, le blé devait être vanné. Il s'agissait de séparer brins de paille, balles et grains. Le paysan choisissait un jour de grand vent et, à l'aide d'une pelle en bois, lançait le tout en l'air afin d'obtenir un premier tri. Au lieu d'une pelle, il pouvait utiliser un van en osier, vaste panier plat muni d'un léger rebord à l'arrière. Plus tard, le tarare, muni d'une manivelle actionnant une sorte de ventilateur, marqua une amélioration significative.

Les premières batteuses mécaniques, mues manuellement ou par des animaux, firent leur apparition à la fin du XVIIIe siècle, mais le progrès déterminant fut l'invention, vers le milieu du XIXe siècle, des machines à battre à vapeur.

Lisse

Compromis entre le rouleau à dépiquer et le tribulum, ce rouleau en bois se prolonge par un traîneau garni de lames de fer pour égrener le blé.

Fléau

Fléau à battre le blé, classique, à lourde masse cylindrique.

Trop coûteuses pour qu'un paysan puisse en acquérir une, elles étaient achetées par des coopératives ou par des entrepreneurs privés. Elles allaient alors de ferme en ferme, s'arrêtant plus longtemps sur les grosses exploitations.

L'arrivée de la batteuse constituait un événement d'importance. Elle annonçait l'heure de vérité, le moment où le paysan allait pouvoir contempler le résultat de son travail de l'année passée. Un moment de solidarité aussi où l'on s'entraidait en allant chez l'un ou chez l'autre donner un coup de main car la machine exigeait beaucoup de bras. Un grand moment de convivialité également au cours duquel tous ces hommes de la terre avaient vraiment le sentiment d'appartenir à une même communauté.

Mesure à grain

Utilisée en particulier pour attribuer à chacun (métayer, propriétaire, meunier...) la part de grain qui lui revient.

Van

Très beau travail de vannerie. Le grain, une fois battu, était amassé dans le van, secoué à l'aide des deux poignées. La balle, très légère, était emportée par le vent. La méthode, efficace, se révélait cependant longue et fastidieuse.

La journée de battage commençait très tôt, surtout pour le « chauffeur », sorte d'ordonnateur en chef de cette « grand-messe ». Il se levait bien avant le chant du coq pour mettre en route sa locomobile. Installée la veille, cette machine à vapeur actionnait, par l'intermédiaire d'une longue courroie, la batteuse proprement dite, un engin à la taille impressionnante. Le chauffeur devait allumer le feu dans le foyer pour porter à ébullition, à l'aide de briques de charbon, l'eau de la chaudière. Lorsque la vapeur atteignait la pression voulue, un coup de sifflet strident donnait le signal aux hommes qui attendaient en bavardant dans la cuisine, en dégustant une tasse de café. Une dernière rasade de gnôle, et tous se retrouvaient au poste qui leur avait été désigné.

PELLE À GRAIN

Elle avait deux utilisations : retourner régulièrement le grain dans les greniers pour favoriser le séchage, et remuer le blé de semence dans un bain de vitriol ou de chaux pour le protéger des parasites.

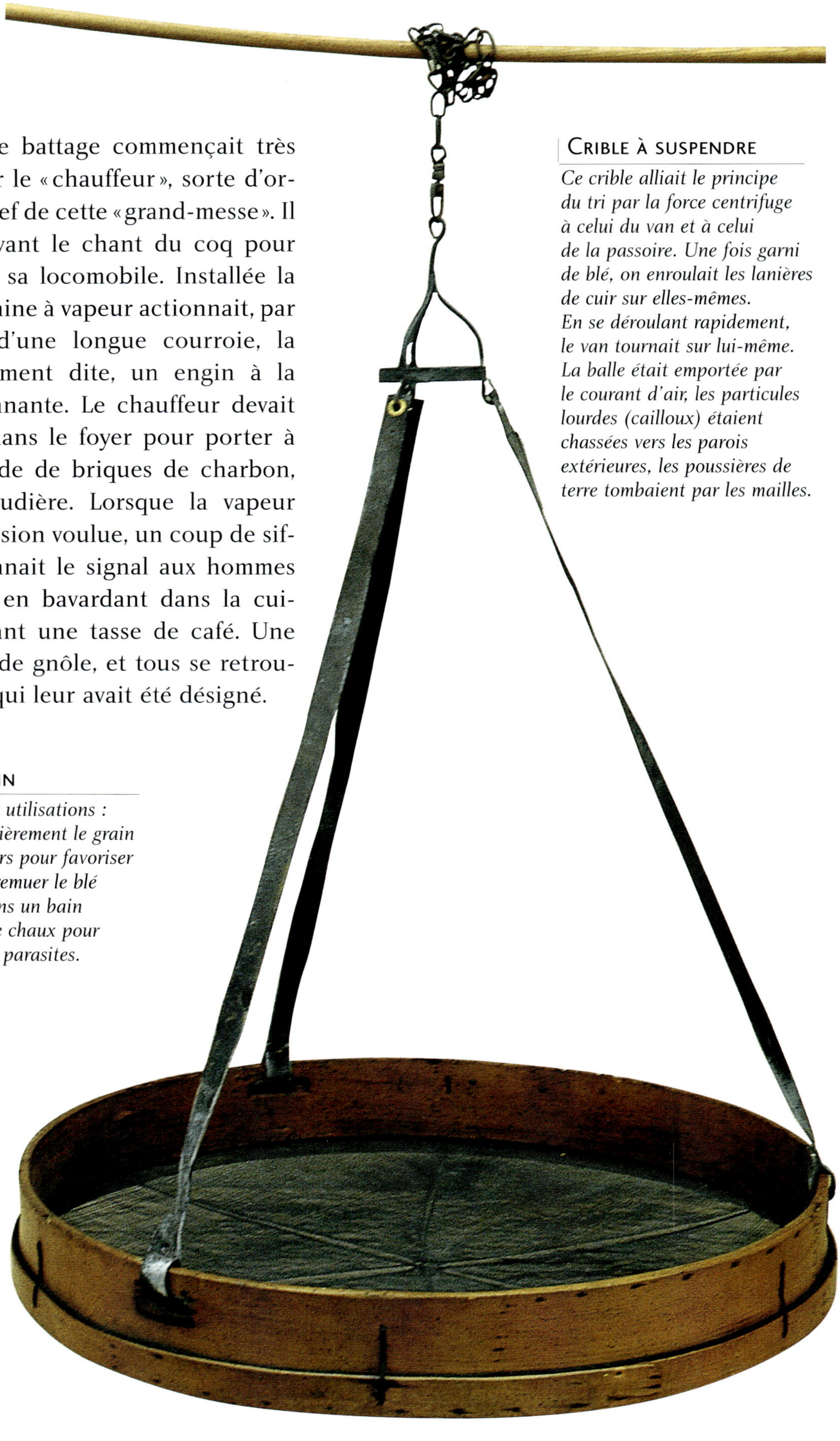

CRIBLE À SUSPENDRE

Ce crible alliait le principe du tri par la force centrifuge à celui du van et à celui de la passoire. Une fois garni de blé, on enroulait les lanières de cuir sur elles-mêmes. En se déroulant rapidement, le van tournait sur lui-même. La balle était emportée par le courant d'air, les particules lourdes (cailloux) étaient chassées vers les parois extérieures, les poussières de terre tombaient par les mailles.

Parmi eux, l'engreneur jouait un rôle primordial. Grimpé sur la batteuse, les mains protégées par des gants épais, il enfournait les gerbes dans le « batteur », un rouleau dentelé qui tournait à vive allure, à l'aide d'une petite fourche en bois. S'il dosait mal son approvisionnement et s'il laissait passer trop d'épis à la fois, le batteur s'engorgeait, la courroie sautait et l'ensemble s'arrêtait. Il fallait relancer le mécanisme, ce qui provoquait une perte de temps préjudiciable.

Ces gerbes, avant d'être déliées, étaient hissées sur la machine à l'aide d'une fourche à long manche, une tâche qui, répétée pendant des heures, brisait les muscles.

À l'arrière ou sur le côté de la batteuse, les grains de blé, débarrassés de leurs balles, dégoulinaient dans des godets et se déversaient dans des sacs en jute. Quand un sac était plein, deux hommes le chargeaient sur le dos d'un porteur, un gars choisi parmi les plus jeunes et les plus costauds. Celui-ci se dirigeait vers l'échelle qui menait au grenier

ROULEAU À DÉPIQUER

Pour égrener les gerbes de blé disposées sur l'aire de battage.

BATTADÈRE

Cet instrument servait à battre le blé ou le seigle sans plier la paille destinée aux toits de chaume.

où devait être stocké le grain. Avant de redescendre, il n'oubliait pas de faire, à chaque passage, une encoche au couteau sur l'une des poutres de la charpente, ceci pour permettre, en fin de battage, d'évaluer la récolte.

Pendant ce temps, à l'extrémité de la batteuse, d'autres paysans récupéraient la paille et la mettaient en bottes. Portées à l'écart de la maison, par crainte des incendies, elles étaient entassées pour former une meule dont la forme et le nom variaient selon les endroits (« bauge » ou « barge » en Touraine, « paillis » dans le Forez, etc.). Ce travail exigeait beaucoup d'application. Il s'agissait de donner à la meule une assise stable afin qu'elle résiste, parfois pendant deux ans, aux vents les plus violents. Plus la meule montait, plus les porteurs de bottes devaient soulever haut leur charge au bout de leur fourche. Le sommet de cet édifice, semblable au toit d'une maison, conique ou à deux pentes, demandait énormément de soin car il ne fallait pas que la pluie puisse pénétrer dans la meule et fasse pourrir la paille.

Duant toute la journée, le chauffeur surveillait avec attention sa locomobile, ne quittant guère des yeux le manomètre, vérifiant

Une scène de travail collectif réunissant hommes, femmes et enfants, 1907. La locomobile était chauffée au charbon et pour éviter qu'une étincelle ne mette le feu à la paille, elle était reliée à la batteuse par une longue courroie.

Les entreprises de battages, comme celle-ci implantée en Charente-Maritime, louaient des saisoniers pour actionner les machines agricoles. Alors qu'un bon batteur au fléau battait 50 à 80 gerbes par jour, la batteuse mécanique parvenait à battre 100 à 250 gerbes en une heure !

régulièrement le niveau d'eau, remettant de l'huile, alimentant le foyer en charbon, passant du pain de résine sur la courroie quand elle menaçait de patiner. Il savait qu'une erreur de sa part pouvait provoquer un drame, comme celui qui se produisit à Orbigny (Indre-et-Loire), à la ferme de la Bruère, le 4 septembre 1916 : pour une raison inconnue, la locomobile explosa, tuant le chauffeur et blessant gravement trois autres personnes. Tout ce travail épuisant se déroulait dans la chaleur et la poussière avec, en permanence, le bruit assourdissant de la machine. Mais il s'effectuait dans la bonne humeur, interrompu par le passage régulier de la maîtresse de maison qui apportait à chacun de quoi se désaltérer.

Le repas du soir, autour de l'immense table installée pour l'occasion dans la grange (souvent de simples planches posées sur des tréteaux), était un moment fort apprécié, un véritable banquet, entrecoupé de chants et de rires. Il se prolongeait tard dans la nuit, même si, le matin suivant, chacun savait qu'il faudrait repartir pour une nouvelle journée de battage.

Du blé au pain

« Chantons le blé pacifique
Qui nourrit depuis l'âge antique
Tout le genre humain. »
André Theuriet, *La Vie rustique*

Pour obtenir la farine nécessaire à la fabrication du pain, le paysan portait son blé au moulin le plus proche de son domicile. Le grain était écrasé entre deux meules en silex : la meule supérieure mobile (dite «courante») tournait sur la pierre inférieure fixe (meule «dormante»). Ensuite, le blutage permettait de séparer le son de la farine proprement dite.

Régulièrement, le meunier retaillait ses meules à l'aide d'une haveuse pour les rendre plus mordantes.

Il existait deux grands types de moulins : ceux qui utilisaient l'énergie fournie par les cours d'eau et ceux qui se servaient de la force des vents, «*la respiration du bon Dieu*», selon Alphonse Daudet.

L'installation d'un moulin sur une rivière nécessitait d'importants travaux. Pourtant, le moindre ruisseau faisait tourner de nombreuses roues. Par exemple, en 1809, l'Isère dans les 290 kilomètres de son cours actionnait 1 605 roues, soit cinq ou six par kilomètre !

Ci-contre, carte postale datée de 1923, représentant le moulin de la Barbussière à Saint-Hilaire-de-Chaléons (Loire-Atlantique).

Page ci-contre, le moulin du Cugarel à Calstelnaudary (Aude).

Et, sur l'Indre, à la fin du XIXe siècle, on comptait encore, dans la traversée de la Touraine, un moulin tous les deux kilomètres environ.

Les moulins à vent ponctuaient les paysages de leurs grandes ailes à ample voilure. Parmi eux, les « moulins tours », en pierre, étaient surmontés d'un toit conique orientable selon la direction du vent, le plus célèbre étant sans doute le moulin de Fontvieille dans les Alpilles (connu comme étant le « moulin d'Alphonse Daudet »). Construit en 1814, il fonctionna jusqu'en 1915. Il existait aussi des moulins sur pivot (en Beauce ou en Flandre notamment) : monté sur un socle en maçonnerie, c'est tout le moulin (en bois) qui pouvait être orienté selon les besoins. À ce type appartenaient aussi les « moulins caviers » de l'Anjou ou de Touraine : la partie supérieure, appelée ici hucherolle, étant souvent de dimension assez modeste.

À chaque moulin, son maître ! Le meunier faisait partie des personnalités marquantes du village, une figure dont l'importance est attestée par sa fréquente évocation dans les contes, les légendes ou les chansons. Les petites gens l'appelaient souvent « maître » et le saluaient bien bas, ce qui ne les empêchait pas, par-derrière, de l'accuser d'avarice et de malhonnêteté. Déjà Rabelais, en 1535, traitait les meuniers du Chinonais de « *larrons* », et plusieurs expressions de la langue française font allusion à la mauvaise réputation du meunier : ne dit-on pas de quelqu'un qui a été berné, qu'il a été « roulé dans la farine » ? Et les vieux almanachs proposaient fréquemment à leurs lecteurs cette devinette : « *Qu'est-ce qui prend chaque matin un voleur au col ? La chemise du meunier !* »

LUNETTES DE PIQUEUR

Indispensables pour protéger les yeux des éclats de silex lors du piquage – ou rhabillage – des meules. Pour redonner son mordant à la meule, le piquage exigeait plusieurs opérations de taille successives, chacune utilisant un profil de marteau différent.

MARTEAU À PIQUER LES MEULES

À gros pic plat.

Le moulin à eau de Jumilhac-le-Grand (Dordogne).

MARTEAU À PIQUER LES MEULES

À pics interchangeables.

« Notre pays, mon bon monsieur, n'a pas toujours été un endroit mort et sans renom, comme il est aujourd'hui. Autre temps, il s'y faisait un grand commerce de meunerie, et, dix lieues à la ronde, les gens des mas nous apportaient leur blé à moudre... Tout autour du village, les collines étaient couvertes de moulins à vent. »
Alphonse Daudet, Les lettres de mon moulin.

MARTEAU À PIQUER LES MEULES

À un pic.

Carte postale ancienne d'un meunier piquant sa meule, dans les Landes.

MARTEAU À PIQUER LES MEULES

À deux pics.

Un personnage pittoresque en tout cas, à la fonction hautement symbolique, à une époque où le pain constituait la base de l'alimentation.

Le moulin était un lieu de vie où les hommes de la campagne se retrouvaient et discutaient, entourés d'une sorte de poussière blanchâtre, dans l'odeur chaude du froment écrasé, avec, en bruit de fond, le mouvement monotone et rassurant des meules, des courroies et des engrenages.

Aujourd'hui, tous ces moulins se sont tus, victimes du progrès, du modernisme, de la production industrielle. Et les meuniers, comme le maître Cornille du conte d'Alphonse Daudet, ont disparu de notre société actuelle :

« Malheureusement, des Français de Paris eurent l'idée d'établir une minoterie à vapeur, sur la route de Tarascon. Tout beau, tout nouveau ! Les gens prirent l'habitude d'envoyer leurs blés aux minotiers, et les pauvres moulins à vent restèrent sans ouvrage, [...] ils furent tous obligés de fermer. [...] Le mistral avait beau souffler, les ailes restaient immobiles. »

Oui, aujourd'hui, plus encore qu'autrefois, on peut chanter la vieille comptine : « *Meunier, tu dors...* » D'un sommeil éternel, pourrait-on ajouter !

Mesure à grain plate

Belle mesure à grain, datée 1788.

Cheval de moulin

Pièce animée d'un mouvement de bascule et intercalée entre la trémie à grain et les meules. Ce dispositif avertisseur cessait son « galop » sonore lorsque le grain ne coulait plus dans l'extrémité en forme de cuiller, prévenant ainsi le meunier de la nécessité de débrayer les meules.

Page ci-contre, l'intérieur du moulin à vent de Félines-Minervois (Hérault).

Donnez-nous notre pain quotidien

« *Ceux qui le font, ce pain, en connaissent bien le prix ; sueurs et inquiétudes.* »
Pierre-Jakez Hélias, *Le Cheval d'orgueil*

Vers 1900, le boulanger solognot livre son pain dans une charrette à chien.

Pour la cuisson du pain dans le four collectif, chacun attend son tour.

Page ci-contre, d'appétissantes fougasses sortent du four à bois.

Cette prière adressée par les chrétiens à leur Dieu revêtait tout son sens à une époque où le pain représentait l'essentiel de la nourriture des gens du peuple. D'où le très grand respect porté à cet aliment ô combien précieux. C'est pourquoi, autrefois, dans les fermes, le chef de famille n'entamait jamais une miche sans avoir tracé une croix sur la croûte avec la pointe de son couteau. En outre, personne n'aurait posé un pain à l'envers sur la table sous peine de déclencher, croyait-on, quelque malheur. Pas de gaspillage : croûtons et miettes étaient ramassés soigneusement et réutilisés pour faire le fameux « pain perdu ».

Avant 1789, les paysans devaient obligatoirement faire cuire leur pain au four banal, propriété d'un seigneur ou d'une communauté religieuse, ce qui les obligeait à acquitter une taxe, le droit de banalité. La Révolution supprima ce vieux droit féodal, et les anciens fours devinrent propriété collective d'un village ou d'un hameau. Ils étaient régis par la communauté, et un règlement précis était établi quant à leur utilisation et à leur entretien.

Puis, peu à peu, beaucoup de paysans aménagèrent leur propre four au fond de la cheminée. La gueule, fermée par une porte en fonte épaisse, s'ouvrait sur la sole recouverte d'un carrelage en terre cuite ou dallée en pierre. La voûte en forme de dôme, construite en briques réfractaires, formait une excroissance sur le pignon extérieur de la maison.

La cuisson du pain, une ou deux fois par mois, revenait le plus souvent à la maîtresse de maison. La première opération consistait à mélanger, dans un pétrin en bois (la maie ou la huche), la farine et l'eau, auxquelles on ajoutait le levain, nécessaire à la fermentation, et le sel. Ce pétrissage effectué à la main permettait d'avoir une pâte homogène, souple et élastique.

Divisée en autant de morceaux (les pâtons), que de pains souhaités, la pâte était placée dans des pannetons (ou bannetons), des corbeilles d'osier à fond toilé, rondes ou allongées, où elle allait se reposer et lever.

Balance à peser la pâte

Entre le pétrissage et le façonnage, le boulanger devait peser la pâte à pain à l'aide de cette balance.

Cure-maie

Servait à racler la maie, ou le pétrin, pour nettoyer les restes de pâte.

Tamis à farine

Pour débarrasser la farine de ses impuretés.

Pelle à farine

Belle pelle à manche, taillée dans une seule pièce de bois.

Quand la maîtresse de maison jugeait que la pâte était levée à point, elle introduisait les pâtons avec une pelle en bois dans le four préalablement chauffé.

Le pain ainsi élaboré se conservait plusieurs semaines, comme le relate Eugène Leroy (1836-1907), l'auteur de *Jacquou le Croquant* : « *Mon père [...] avait tiré de la maie une grande tourte plate de pain de méteil, seigle et orge [...] et, après avoir fait une croix sur la sole avec la pointe de son couteau, se mit à l'entamer. Mais c'était tout un travail : cette tourte-là était la dernière de la fournée faite il y a près d'un mois, de manière qu'elle était dure en diable, un peu gelée peut-être, et criait fort sous le couteau, que mon père avait grand peine à faire entrer.* »

Dans les régions où le climat ne permettait pas la culture du blé, on faisait du pain de seigle, de méteil ou de sarrasin (blé noir). Dans le Limousin et le Vivarais, on faisait également du pain avec les châtaignes, mises à sécher et réduites en farine.

RÉSERVE À FARINE

En paille et ronce ou noisetier tressés. L'essence de ronce avait, paraît-il, la vertu d'éloigner les rongeurs et les parasites. Ce type de vannerie était également utilisé comme réserve à grains.

BANNETON

Garnis d'une toile, les bannetons sont toujours utilisés pour faire lever la pâte en lui donnant la forme du futur pain.

Le potager : racines et autres légumes

« *Sois satisfait des fleurs, des fruits, même des feuilles,*
Si c'est dans ton jardin à toi que tu les cueille. »
Edmond Rostand, *Cyrano de Bergerac*

Situé à proximité de la maison, clôturé généralement d'une haie vive pour le protéger des volailles en liberté, le jardin potager, auquel on accédait par une barrière en bois plus ou moins bancale, était souvent le domaine des femmes. Elles cultivaient avec un soin tout particulier ces quelques ares de terrain, effectuant tout le travail à la main, sans l'aide d'aucune machine : bêchage, arrosage, binage, désherbage. Un travail dont elles ne se montraient pas peu fières, et quand un parent éloigné ou un voisin venait leur rendre visite, il devait obligatoirement, avant de repartir, faire « un tour au jardin », l'occasion d'inépuisables sujets de conversation sur la maturité des petits pois ou sur les dégâts causés par les courtilières.

Il faut dire que les légumes tenaient une place importante dans l'alimentation des paysans, notamment les « racines » : carottes, navets, raves, betteraves et topinambours. Mais aussi haricots verts, haricots secs, poireaux, salades, oseille, etc. Sans oublier oignons, aulx, persil ou laurier sauce, ces plantes qui donnaient toute leur saveur aux plats savamment élaborés par la maîtresse de

Une sélection des choux les plus beaux, promesses de généreuses potées lors d'un repas dominical. Extrait du premier catalogue Vilmorin, printemps 1897.

Page ci-contre, le catalogue de vente par correspondance, Vilmorin, plus que centenaire. Le calendrier des semis et plantations est joint au catalogue.

PRINTEMPS 1897
N° 1. – 1er Janvier 1897
EXPOSITION UNIVERSELLE
PARIS 1889
TROIS GRANDS PRIX
TROIS MÉDAILLES D'OR
Catalogue Général de Graines
FRAISIERS
OGNONS à FLEURS
etc.
H. L. DE VILMORIN O. ☘
M. L. DE VILMORIN ☘

maison les jours de fête. Le potager se révélait être, pour la cuisinière, un précieux garde-manger.

Dans ces jardins, au hasard des allées tracées au cordeau, on pouvait faire de multiples découvertes : deux ou trois groseilliers destinés à préparer des confitures ou de la gelée, un pied de bourrache pour confectionner, si besoin était, une infusion diurétique. On y trouvait également des fleurs : quelques rosiers, des chrysanthèmes ou des dahlias pour orner, à la Toussaint, la tombe des chers disparus.

Tout au long des saisons, le travail au jardin était guidé par les fêtes des saints ou par les phases de la lune. On savait, par exemple,

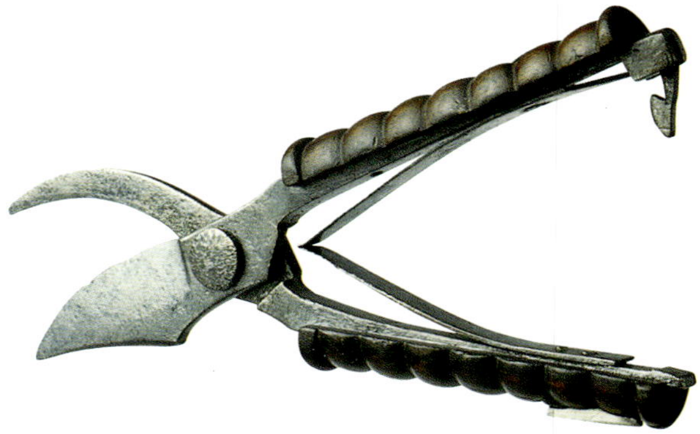

Sécateur

Houe à sarcler

Râteau de jardinier

Croc à piocher

Tranche-pic

qu'il valait mieux semer les oignons à la Saint-Joseph (19 mars), les haricots et les citrouilles le jour de la Saint-Eutrope (30 avril), qu'il était recommandé de cueillir les fruits en « lune dure » (dernier quartier), de toujours greffer en lune nouvelle, de repiquer les tomates trois jours avant la pleine lune et les salades seulement la veille de cette pleine lune, ou encore qu'il était judicieux de ne pas arracher les oignons quand la lune était dans sa phase de croissance.

Parmi tous les légumes cultivés dans les potagers, une place particulière revenait à la pomme de terre, cette « *truffe du pauvre* », selon l'expression de Victor Hugo.

Introduite en Europe à la suite de la découverte de l'Amérique, la pomme de terre ne fut pas tout de suite admise en France où on l'accusait des pires maux, certains lui reprochant même de donner la lèpre ou bien des « fièvres ». Il est vrai que ce légume exotique n'était pas cité dans la Bible ! Raison suffisante pour le rendre suspect aux yeux de certains croyants !

Ce n'est qu'à la fin du XVIe siècle, semble-t-il, que les premiers plants de pomme de terre firent leur apparition dans le Vivarais, avant de se répandre dans l'est du pays, région proche de l'Allemagne, où le tubercule était déjà couramment consommé. On connaît les efforts déployés par Parmentier pour développer la culture de ce nouveau

Arrosoir en fer-blanc

[Suite p. 60]

Plantoir à pommes de terre

Plantoir

Taillé dans une branche.

Déplantoir

Le manche est taillé dans une branche.

Petite scie de jardinier

Sabots de jardin

« C'est la pomme de terre
Qui fait notre trésor
À l'indigent si chère
Plus qu'au riche son or. »
(M. Garnier, instituteur alsacien, XIXe siècle)

CORDEAU DE JARDINIER
Utilisé pour tracer les plates-bandes.

PLANTOIR

CLOCHE À MELON

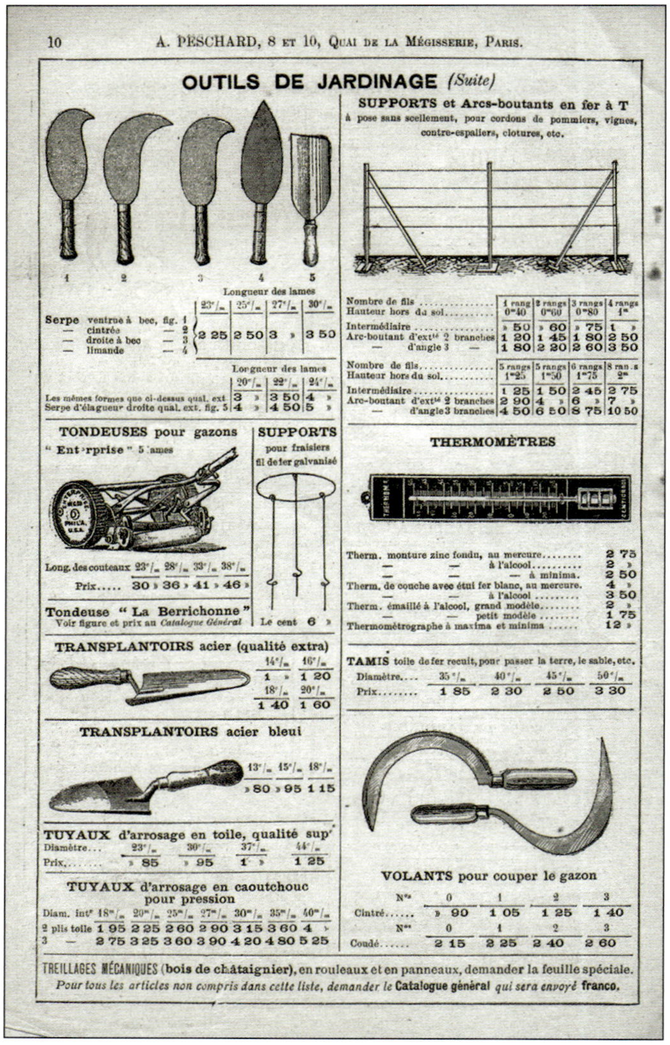

10 A. PESCHARD, 8 et 10, Quai de la Mégisserie, Paris.

OUTILS DE JARDINAGE *(Suite)*

	Longueur des lames			
	23 c/m	25 c/m	27 c/m	30 c/m
Serpe ventrue à bec, fig. 1 / — cintrée — 2 / — droite à bec — 3 / — limande — 4	2 25	2 50	3 »	3 50

	Longueur des lames		
	20 c/m	22 c/m	24 c/m
Les mêmes formes que ci-dessus qual. ext	3 »	3 50	4 »
Serpe d'élagueur droite qual. ext. fig. 5	4 »	4 50	5 »

TONDEUSES pour gazons

" Ent'rprise " 5 lames

Long. des couteaux	23 c/m	28 c/m	33 c/m	38 c/m
Prix.....	30 »	36 »	41 »	46 »

Tondeuse " La Berrichonne "
Voir figure et prix au *Catalogue Général*

SUPPORTS
pour fraisiers
fil de fer galvanisé

Le cent 6 »

TRANSPLANTOIRS acier (qualité extra)

14 c/m	16 c/m
1 »	1 20
18 c/m	20 c/m
1 40	1 60

TRANSPLANTOIRS acier bleui

13 c/m	15 c/m	18 c/m
» 80	» 95	1 15

TUYAUX d'arrosage en toile, qualité supre

Diamètre...	23 c/m	30 c/m	37 c/m	44 c/m
Prix,.......	» 85	» 95	1 »	1 25

TUYAUX d'arrosage en caoutchouc pour pression

Diam. intr	18 m/m	20 m/m	25 m/m	27 m/m	30 m/m	35 m/m	40 m/m
2 plis toile	1 95	2 25	2 60	2 90	3 15	3 60	4 »
3 —	2 75	3 25	3 60	3 90	4 20	4 80	5 25

SUPPORTS et Arcs-boutants en fer à T
à pose sans scellement, pour cordons de pommiers, vignes, contre-espaliers, clotures, etc.

Nombre de fils / Hauteur hors du sol	1 rang 0m40	2 rangs 0m60	3 rangs 0m80	4 rangs 1m
Intermédiaire	» 50	» 60	» 75	1 »
Arc-boutant d'extté 2 branches	1 20	1 45	1 80	2 50
— d'angle 3 —	1 80	2 20	2 60	3 50

Nombre de fils / Hauteur hors du sol	5 rangs 1m25	5 rangs 1m50	6 rangs 1m75	8 rangs 2m
Intermédiaire	1 25	1 50	2 45	2 75
Arc-boutant d'extté 2 branches	2 90	4 »	6 »	7 »
— d'angle 3 branches	4 50	6 50	8 75	10 50

THERMOMÈTRES

Therm. monture zinc fondu, au mercure........	2 75
— — à l'alcool..........	2 »
— — — à minima.	2 50
Therm. de couche avec étui fer blanc, au mercure.	4 »
— — à l'alcool	3 50
Therm. émaillé à l'alcool, grand modèle.........	2 »
— — petit modèle	1 75
Thermométrographe à maxima et minima	12 »

TAMIS toile de fer recuit, pour passer la terre, le sable, etc.

Diamètre....	35 c/m	40 c/m	45 c/m	50 c/m
Prix........	1 85	2 30	2 50	3 30

VOLANTS pour couper le gazon

Nos	0	1	2	3
Cintré......	» 90	1 05	1 25	1 40
Nos	0	1	2	3
Coudé......	2 15	2 25	2 40	2 60

TREILLAGES MÉCANIQUES (bois de châtaignier), en rouleaux et en panneaux, demander la feuille spéciale.
Pour tous les articles non compris dans cette liste, demander le Catalogue général *qui sera envoyé* franco.

Serpes, tondeuse, transplantoir, volants pour couper le gazon, tuyaux d'arrosage... voila de quoi entretenir son jardin avec un matériel qui, finalement, a peu changé. Une page extraite du Catalogue d'Armes et Cycles de la manufacture de Saint-Étienne, 1913.

légume chez nous. Il trouva une oreille attentive à la Cour, auprès du roi Louis XVI, qui lui permit de cultiver 54 arpents (environ 2 hectares) de pommes de terre dans la plaine des Sablons, sur la paroisse de Neuilly-sur-Seine, non loin de Paris. Des champs qu'il faisait garder le jour par des soldats afin de laisser se répandre la rumeur selon laquelle il s'agissait d'un légume de prix. La ruse réussit si bien que, durant la nuit, les pommes de terre, restées sans surveillance, furent vite arrachées par des bandes de maraudeurs.

Peu à peu, la pomme de terre fit sa place parmi les cultures de nos campagnes. Les surfaces cultivées s'accrurent : elles passèrent de 35 000 hectares en 1793, à 558 000 en 1815, pour atteindre plus d'un million d'hectares en 1900 !

Les paysans français avaient adopté ce légume peu exigeant et aux rendements élevés, capable d'être cuisiné de multiples façons. De leur côté, des agronomes mirent au point de nouvelles variétés de semences. L'avenir de la pomme de terre était assuré malgré l'apparition, au début du XXe siècle, d'un ennemi venu d'Amérique-du-Nord : le doryphore !

Dans les jardins ou aux alentours poussaient également quelques arbres fruitiers. Pruniers, cerisiers, pêchers, poiriers et

Émondoir à écheniller

Pour intervenir dans les branches des arbres fruitiers.

cognassiers étaient cultivés un peu partout dans le pays. Les amandiers et les abricotiers se limitaient aux régions du Midi. Les pommiers, très appréciés en Normandie, ne donnaient pas seulement les pommes à couteau que l'on conservait sur des claies une partie de l'hiver. Certaines variétés produisaient des pommes à cidre. Ces petits fruits durs et acides, ramassés à l'automne, étaient d'abord concassés dans un broyeur, appelé encore « casse-pommes ». Ils étaient ensuite écrasés dans un pressoir à vis. Le jus doré et parfumé suintait entre les douelles en bois et tombait dans la « basse » (un baquet muni d'anses), un jus doux et sucré qui attirait les guêpes et les enfants impatients de goûter ce cidre non fermenté. Mais gare aux excès qui pouvaient déclencher de fâcheux maux de ventre.

BÊCHE PLATE

Exemplaire à tranchant ferré, avec découpe d'appui pour le pied.

ARRACHE-BETTERAVES

VEAUX, COCHONS,

VACHES, COUVÉES...

« À la queue des vaches »

« Une ferme sans troupeau est comme un corps sans âme. »
Louis Liger, *La Nouvelle Maison rustique*

CLARINES

Pendues au cou des vaches paissant en liberté.

Sur le plateau de Sault, dans les Pyrénées audoises, le vacher garde tranquillement son troupeau.

Page ci-contre, une belle limousine porte fièrement sa cloche, dans le massif du Quercorb (Aude).

« Si tu continues comme ça, ma petite, plus tard, tu finiras à la queue des vaches ! » Combien de jeunes écolières l'ont entendue, cette menace proférée par l'institutrice, lorsque les fautes d'orthographe s'accumulaient dans la dictée du jour ou que les préfectures et sous-préfectures de nos trop nombreux départements se bousculaient dans la mémoire de gamines d'une dizaine d'années ! « Tout juste bonne à garder les vaches ! », la sentence, sans appel, tombait comme un couperet sur la malheureuse enfant.

Avant la généralisation des clôtures électrifiées, dans les prés non entourés de haies, la garde des bêtes nécessitait la présence d'un vacher ou plus généralement d'une vachère, souvent une jeune fille ou, au contraire, l'aïeule de la maison.

Assise à même le sol, sous un immense parapluie bleu qui la protégeait de la pluie, du soleil ou du vent, la vachère était accompagnée d'un chien, cerbère fidèle et courageux.

Tandis que les vaches broutaient inlassablement le même carré d'herbe, leur gardienne ne perdait pas son temps. Elle avait apporté dans un panier de quoi s'occuper : un tricot ou de la broderie à terminer, des bas ou des chaussettes à repriser.

Collier à pointes

Destiné à empêcher les veaux de téter leur mère pour les sevrer.

Marque à bestiaux ronde

Marque rustique où les initiales sont remplacées par un symbole.

Marque à bestiaux

Aux initiales B.E.

À quoi pensait-elle ? À quoi rêvait-elle des heures durant dans la solitude des champs ? Si la vachère était jeune et jolie, elle recevait parfois la visite furtive de son bien-aimé, son « prince charmant » à elle, un « bricolin » employé dans une ferme voisine. Le grand parapluie bleu préservait alors les amoureux des regards indiscrets.

Pendant ce temps-là, la Blanchette ou la Noiraude continuaient imperturbablement de ruminer, le regard absent, chassant d'un brusque coup de queue les mouches trop effrontées.

Quand le soleil baissait à l'horizon, que les ombres s'allongeaient, il fallait reprendre le chemin de l'étable. La vachère se levait, pliait son parapluie, agitait son bâton. Les bêtes avaient compris. D'elles-mêmes, elles se mettaient en route. Dodelinant des flancs, balançant la tête d'un côté et de l'autre, le pis pesant, elles avançaient au rythme lent de leurs pas lourds, laissant derrière elles les empreintes de leurs sabots et parsemant le chemin de larges galettes de bouse fraîche. Après un arrêt à la mare ou à l'abreuvoir communal, elles retrouvaient avec une évidente satisfaction leur étable et ses odeurs familières. Alors, commençait pour la vachère la fastidieuse corvée de la traite du soir.

Dans les pays de montagne (Auvergne, Jura, Alpes, Pyrénées) où était pratiquée la transhumance, la garde des troupeaux revêtait un aspect très différent et nécessitait la présence d'hommes expérimentés. Les bêtes quittaient au mois de mai leurs étables pour gagner les alpages, les prairies d'altitude (les estives), débarrassés de leur neige. Isolés pendant de longues semaines, les hommes devaient pouvoir soigner les bêtes malades, les protéger contre les prédateurs, fabriquer beurre et fromages et faire face à tous les imprévus.

BIBERON

Utilisé pour faire téter les veaux. La tétine est en cuir.

JOUG À REDRESSER LES CORNES

Cet « instrument de torture » (en apparence seulement) servait à rectifier progressivement la pousse défectueuse des cornes de certains veaux. En effet, un animal dont les cornes étaient tordues ne pouvait être attelé sous le joug et perdait l'essentiel de sa valeur.

ANNEAU NASAL

Pour mener les taureaux et les tenir à distance.

MUSELIÈRE

Cet instrument avait la même utilisation que le collier à pointes.

MARQUE À BESTIAUX

Destinée à marquer à chaud le cuir des animaux des initiales de leur propriétaire, ici M.N.

L'odeur du foin coupé

« *La faux coupe de droite à gauche, d'un trait rapide et sûr ; puis elle revient, la pointe levée, et, du dos, caresse l'herbe suivante qui va tomber.* »

Jules Renard, *Le Vigneron dans sa vigne*

Une charette peinte de la traditionnelle couleur bleue. Les pigments de base de cette teinte sont extraits du pastel, plante aux vertus insecticides, et du sulfate de baryde : cette combinaison est réputée éloigner les mouches.

Le repos des faneurs, pendant la fenaison.

Au mois de juin, aux alentours de la Saint-Jean, une odeur particulière envahissait les campagnes, celle du foin coupé. Une odeur douce, sensuelle, presque enivrante, qui s'exhalait surtout à la tombée du jour. Le début de l'été correspondait, en effet, à la saison des foins.

Dès l'aube, les hommes partaient, la faux sur l'épaule. À la ceinture, le coffin (ou couillard), une corne de bœuf ou un étui en bois conique rempli d'eau et contenant la pierre à aiguiser.

Arrivés sur le pré, ils s'alignaient et commençaient à couper l'herbe encore fraîche. Inlassablement, sans jamais accélérer ni diminuer l'allure, ils répétaient le même mouvement semi-circulaire, de droite à gauche, le corps à demi plié vers l'avant, ne s'arrêtant que pour affiler la lame de leur faux.

Plus l'heure avançait, plus les rayons du soleil chauffaient. Les faucheurs avaient quitté le gilet, retroussé les manches de leur chemise, ouvert le col. Aucun n'avait oublié le chapeau ou le mouchoir noué aux quatre coins sur la tête.

COFFIN EN BOIS

Sculpté, avec sa pierre à faux.

COFFIN EN CORNE

Beau coffin sculpté, muni d'une agrafe métallique.

COFFIN EN BOIS

Modèle sans ornement, répandu dans toute la France.

COUPE-FOIN

Instrument original, utilisé pour trancher le foin en meules ou en bottes dans le grenier à foin, afin d'en détacher la ration quotidienne des animaux.

FOURCHE À FOIN

Longue fourche à deux dents taillée dans une seule branche, utilisée pour hisser le foin au sommet des charrettes et dans le grenier à foin. Celle-ci a été renforcée d'une bague métallique pour réparer une fissure.

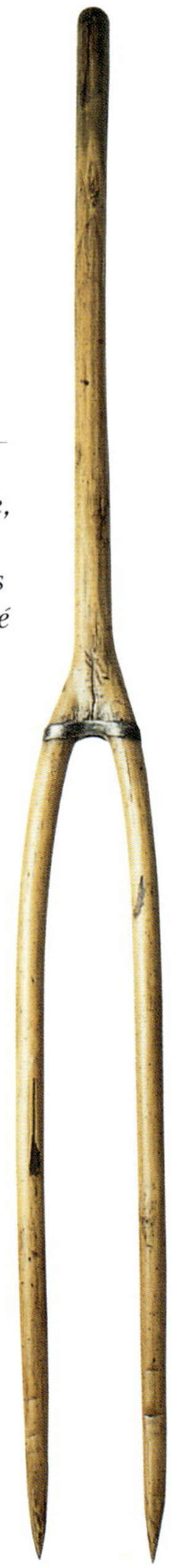

Parfois, l'un d'entre eux s'arrêtait un moment : il s'agissait de rebattre sa faux malmenée par une taupinière ou une pierre dissimulée au milieu des herbes. Le faucheur plantait dans le sol une petite enclume et à l'aide d'un marteau spécial refaçonnait le fil de la lame.

Une fois l'herbe coupée, il fallait la faner, la retourner avec une fourche à deux ou trois dents, l'éparpiller pour qu'elle sèche correctement, tâche moins pénible à laquelle prenaient part les femmes et les grands enfants. Un travail que Mme de Sévigné considérait comme un jeu : *« Savez-vous ce que c'est que faner ? »* écrivait-elle dans une de ses fameuses *Lettres*. « *Il faut que je vous l'explique : faner est la plus jolie chose du monde, c'est retourner du foin en batifolant dans une prairie. Dès qu'on en sait tant, on sait faner.* » Une vision très bucolique de la réalité !

Après le fanage, le foin coupé était rassemblé en petits tas (« muloches » ou « mules »). Dans certaines régions comme la Champagne, l'herbe n'était pas posée directement sur la terre mais sur des « biques », des sortes de trépieds en bois. Isolée du sol et mieux aérée, elle séchait plus facilement.

Restait la dernière étape : rentrer le foin à la ferme. Le chargement sur les charrettes pouvait atteindre des hauteurs impressionnantes : c'était l'œuvre de paysans expérimentés car il fallait que l'ensemble soit parfaitement équilibré pour ne pas verser au moindre cahot du chemin.

Le foin était entreposé à l'abri dans une grange ou un grenier. Pendant les tristes journées d'hiver, si le paysan voulait s'évader un peu, il lui suffisait de venir respirer l'odeur agréable du foin coupé, l'odeur du mois de juin et de l'été !

ENCLUMETTE ET MARTEAU

L'enclumette et le marteau servaient à piquer les faux, c'est-à-dire à en rectifier le fil. Dans les champs, l'enclumette était directement fichée en terre. Le socle en bois était utilisé lors des travaux d'entretien à la ferme. La lame de faux est présentée ici en position de rectification du tranchant.

CIVIÈRE À FOIN À BARREAUX

Portée par deux personnes, elle permettait de transporter quotidiennement le foin entre le fenil et les étables.

BÂT À BARREAUX

Ce bât repliable servait, en montagne, au transport du foin à dos d'âne ou de mulet. Il était également utilisé pour transporter du bois ou des fagots.

La voie lactée

« Notre laitière…
Comptait déjà dans ses pensées
Tout le prix de son lait, en employait l'argent […] »
Jean de La Fontaine, *La Laitière et le pot au lait*

Pour la fermière qui élevait quelques vaches, aucun répit ! Deux fois par jour, que ce soit dimanche, Pâques ou Noël, qu'il y ait le mariage de la fille de la maison ou l'enterrement de l'aïeul, il lui fallait traire les vaches. Le matin, même si la nuit avait été courte, pas question de paresser au lit : dans l'étable, généralement située tout près de l'habitation, les bêtes aux pis gonflés s'impatientaient et le faisaient savoir par des meuglements appuyés.

Jetant une vieille blouse sur ses épaules et un fichu sur sa tête pour se protéger des queues souillées par le purin, la fermière s'installait sur un petit tabouret à trois pieds, le seau en fer-blanc calé entre les genoux. (Le tabouret à un seul pied – appelé encore botte-cul, trabetset, etc. – était seulement utilisé pour la traite dans les champs, sur un sol inégal.) D'un geste ferme et doux à la fois, elle saisissait les tétines, les pressait et les tirait en même temps. On entendait bientôt le bruit si particulier fait par les premiers jets de lait chaud sur le fond métallique du seau.

Parfois, une vache moins docile, d'un coup de pied de côté, faisait valser la fermière et son seau dans la paille souillée qui

TABOURET À TRAIRE

Classique tabouret à trois pieds, stable quel que soit le terrain.

SEAU À TRAIRE

Seau rustique taillé dans un tronc creux.

Transport du lait au balancier.

BROC À TRAIRE OU « LEROU »

Taillé dans un tronc creux et courbe, le « lerou » sert également de siège pendant la traite : on s'assoit à califourchon sur la poignée.

TABOURET À TRAIRE

Ce tabouret à un seul pied était porté à la ceinture grâce à la chaîne, permettant ainsi d'aller de bête en bête en gardant les mains libres pour porter les seaux.

BARATTE

Classique baratte à piston en fer-blanc.

recouvrait le sol. Le lait recueilli était ensuite versé dans un bidon après avoir été filtré dans une passoire ou à travers une toile fine pour être débarrassé de ses plus grosses impuretés. La traite se terminait à peine que déjà arrivaient, munies de leur pot au lait en aluminium, les premières femmes du bourg : leur famille aurait du lait tout frais au petit déjeuner !

Un peu plus tard passerait le laitier qui, de ferme en ferme, collectait dans sa charrette bâchée le lait pour la coopérative. Il s'efforçait de terminer sa tournée au plus tôt pour éviter les fortes chaleurs de l'après-midi qui pourraient être fatales à son chargement.

Élise et Arthur, les petits laitiers de la Côte, aux environs de Salins-les-Bains, dans le Jura.

Laitiers ambulants : les bidons sont transportés à dos d'homme, de maison en maison.

Tout le lait récolté n'allait pas être vendu ou consommé tel quel. Une partie était transformée en beurre ou en fromage, tâche là aussi réservée le plus souvent aux femmes.

Pour obtenir du beurre, on récupérait la crème contenue dans le lait. À l'origine, les paysans laissaient reposer le lait toute une nuit dans un endroit frais et, le lendemain, recueillaient la crème remontée à la surface à l'aide d'un écrémoir, une sorte de cuiller en bois percée de trous. À partir des années 1870 apparut, dans les plus grosses exploitations, l'écrémeuse centrifugeuse qui, en faisant tourner rapidement le lait, séparait mécaniquement la crème du petit-lait. On laissait ensuite la crème reposer pendant deux ou trois jours avant de la mettre dans la baratte pour obtenir le beurre.

Laitières du Lot.

Il existait deux grands types de barattes. La baratte à pilon (ou à piston) se composait d'une jarre en bois (ou en terre cuite et, plus tard, en fer-blanc) dans laquelle on obtenait du beurre par l'agitation d'un bâton terminé par un disque en bois ajouré. La baratte rotative à manivelle se présentait sous la forme d'une sorte de tonneau qui pouvait tourner sur lui-même, tandis qu'à l'intérieur des palettes battaient la crème.

Le beurre était ensuite « délaité », c'est-à-dire débarrassé des éléments liquides, le babeurre, puis lavé sous un filet d'eau fraîche avant d'être pétri longuement avec une large cuiller en bois, ce qui le rendait plus

CHARRETTE DE LAITIÈRE

Carriole légère, à chien ou à chèvre, pour la livraison rapide du lait frais.

onctueux. (Appelé encore «lait de beurre», le babeurre était consommé l'été comme boisson rafraîchissante.)

Le beurre destiné à la vente était soit mis en mottes et décoré à la cuiller, soit pressé dans des moules en bois, de différents modèles. Le fond du moule s'ornait de motifs divers qui s'imprimaient sur le beurre, formant en quelque sorte la signature du producteur.

Le beurre qu'on gardait pour les besoins de la ferme était conservé, recouvert d'une couche d'eau salée, dans des pots en grès.

Un autre produit obtenu à partir du lait tenait, lui aussi, une place non négligeable dans l'alimentation du paysan : le fromage. Les principes de sa fabrication étaient connus depuis fort longtemps puisqu'on a retrouvé des moules à fromage datant de plusieurs millénaires avant notre ère. Il s'agissait de provoquer la coagulation du lait en y ajoutant de la présure, une substance extraite de l'estomac du veau non sevré. Ensuite, il existait mille façons de travailler le caillé obtenu : chaque région, chaque terroir, chaque ferme même avait ses propres recettes et c'est pourquoi, aujourd'hui encore, la France s'enorgueillit de pouvoir présenter une infinie variété de fromages.

Les moules dans lesquels les fromages étaient égouttés et pressés, les faisselles, pouvaient être en grès, en osier ou en fer et prenaient des formes variées.

Cet aliment riche en calcium, fabriqué sur place, conservé au frais dans un garde-manger grillagé, présentait bien des avantages : il était facile à emporter au champ, dans une musette, pour casser la croûte sur le pouce. En cas de visite imprévue, on avait toujours sous la main un morceau de fromage à offrir à l'hôte inattendu.

Et puis, en période de disette, le fromage, *« cet autre ami des hommes aux heures difficiles »*, comme l'appelait Clemenceau, s'avérait très économique : il en fallait si peu pour donner du goût à une grosse tranche de pain !

Le paysan pauvre qui avait des entrées d'argent liquide très irrégulières payait parfois à l'aide de fromages le docteur, le bourrelier, le vétérinaire ou le propriétaire de la ferme.

« Ceux qui ne peuvent me donner d'argent me donnent du fromage, des fruits et du pain plus que je n'en peux porter. » (George Sand, *Le Chêne parlant*)

BIDON À LAIT

Pour la vente du lait au porte-à-porte. Les courroies permettent de le transporter sur le dos, tandis que le couvercle sert de mesure.

MOULE-ÉGOUTTOIR

À fromage en osier.

MOULE À BEURRE OVALE

Présenté fermé.

MOULE À BEURRE

Présenté ouvert. La fermeture du moule parachevait le pressage du beurre.

FORME À FROMAGE

Utilisée pour presser sur les côtés les meules de fromage.

PRESSE À FROMAGE

Pour mouler tout en exprimant le petit-lait.

Gros et menu bétail

« Chez nous, la chèvre est la vache de l'indigent,
comme l'âne est le cheval du pauvre. »
Fulbert Dumonteil, *La Chèvre*

BOL EN BOIS
Taillé dans une seule pièce de bois, ce bol est typique de la vaisselle de berger.

TABATIÈRE DE BERGER
En écorce de bouleau décorée de motifs pyrogravés.

BRIQUET À AMADOU
Briquet rustique où l'étincelle de la pierre enflamme la mèche d'amadou. Il est muni, par précaution, d'un étouffoir coulissant.

Sur les terres plus sèches et sur les terrains pauvres, l'élevage des moutons remplaçait celui des bovins. On le trouvait surtout pratiqué en Corse et dans le sud de la France (Languedoc, Provence, Pyrénées) mais aussi dans le Massif central, le Berry, la Beauce et la Champagne.

Le mouton était une bête facile à élever, qui se contentait de peu et s'adaptait aux conditions les plus rudes. Le troupeau pouvait aller pâturer sur les chaumes après la moisson, sur les friches ou sur les landes.

Vêtu généralement d'un ample manteau de grosse laine (la houppelande dans le Berry, la limousine dans l'ouest du Massif central, la pliche en Champagne), la tête couverte d'un chapeau, le berger, toujours accompagné de ses chiens, était muni d'un grand bâton et de la houlette.

Dans les Landes, il portait un genre de veste sans manches en peau de mouton (encore recouverte de sa laine), des sortes de guêtres, en peau également et, sur la tête, un grand béret. Mais ce qui faisait surtout sa particularité, c'était qu'il se déplaçait grimpé sur de hautes échasses. Car avant d'être la région boisée que l'on connaît actuellement, les Landes étaient émaillées

CADRAN SOLAIRE

Muni d'une tige-repère pliante, ce cadran solaire de poche, lorsqu'on y était accoutumé, donnait l'heure avec une certaine précision.

CONQUE - COQUILLAGE

Le berger soufflait dans la conque pour éloigner les loups ou les ours, ou communiquer avec ses collègues dans la montagne.

FLÛTE EN OS

Flûte de berger taillée à la main dans un os.

PARAPLUIE DE BERGER

Vaste parapluie traditionnellement fabriqué à Aurillac, en toile de coton bleue.

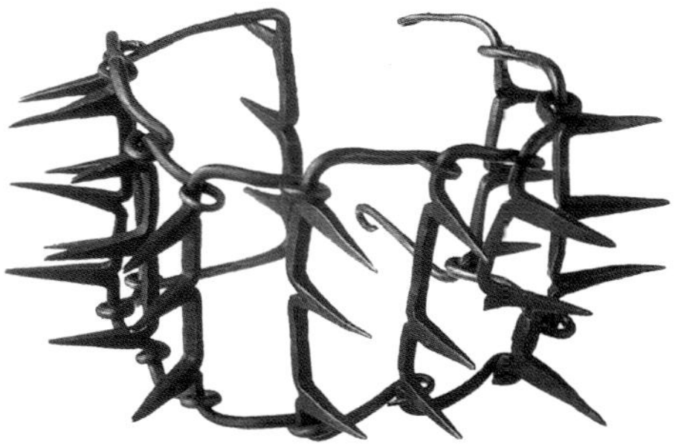

Collier de chien de berger

Destiné à protéger la gorge et la nuque des chiens des morsures des loups et des ours.

Forces

Servaient à tondre les moutons. Leur usage demandait autant d'habileté que de force dans le poignet.

Ciseaux à tondre

Même usage que les forces, mais de manipulation plus aisée.

de zones humides, marécageuses, souvent inondées en hiver, parsemées de buissons, couvertes de bruyères. Pour pouvoir surveiller son troupeau, le berger devait prendre de la hauteur.

Sur les vastes plaines de Beauce ou de Champagne, où l'élevage des moutons était itinérant, le berger ne rentrait pas à la ferme chaque soir. Il couchait dans une petite cabane sur roues tirée par un âne ou un mulet. Dans les régions méditerranéennes, les troupeaux de moutons, après avoir passé l'hiver dans les bergeries des plaines littorales, partaient au printemps pour les verts pâturages des montagnes voisines. Cette transhumance, le long de chemins séculaires, les drailles, représentait toujours un spectacle haut en couleurs pour les habitants des villages traversés. Précédé d'ânes lourdement chargés, le troupeau, mené par quelques vieux béliers, avançait dans un nuage de poussière et dans un brouhaha mêlant piétinement des animaux, sonnailles, aboiement des chiens, cris et sifflets des bergers. Après son passage, les rues gardaient pendant longtemps l'odeur forte laissée par les bêtes.

Aujourd'hui, la transhumance subsiste encore mais le trajet entre la plaine et les pâturages d'été s'effectue désormais en bétaillères ou en wagons de chemin de fer ! Jusqu'à la fin du XIXe siècle, la vente de la laine représentait un gain non négligeable pour les éleveurs de moutons. La tonte des bêtes s'effectuait en juin, vers la Saint-Jean. La veille, brebis et moutons étaient lavés dans l'eau d'une rivière.

« *Pour faire la tonte, il faut toujours choisir un beau jour sans vent* », conseillait Louis Liger. Pour cette opération, le fermier faisait parfois appel à des tondeurs professionnels. Munis de cisailles, les forces, ceux-ci retiraient l'épaisse toison d'un geste sûr, sans jamais blesser l'animal.

Crochet à moutons

Dit régionalement, dans les Pyrénées ariégeoises, « gancho » ou « rascol », ce crochet sert à attraper les moutons par la patte.

Canne de berger

Se termine par un crochet. Certains bergers la préféraient au crochet en fer, accusé de blesser les moutons s'ils se débattaient trop vigoureusement.

Siège pliant

Siège de berger dont le dossier forme une poignée de transport. Ses lignes sont étonnamment modernes.

Canne-serpent de berger

Cette canne sculptée est un bel exemple du travail que le berger pouvait accomplir pendant ses longues heures de surveillance du troupeau.

Bâton de berger

Toute la laine récoltée n'était pas vendue. Une partie était travaillée sur place : cardée, elle était ensuite filée à la quenouille ou au rouet, puis mise en écheveaux sur le dévidoir. Les femmes l'utiliseraient pour tricoter des bas, des chausses, des mitaines, des écharpes ou tout autre lainage.

À partir du début du XXe siècle, avec le développement des transports maritimes, la concurrence étrangère fit chuter considérablement le prix de la laine et les moutons ne furent plus guère élevés que pour leur viande.

Contrairement aux vaches et aux moutons, les chèvres n'ont jamais fait en France l'objet d'un élevage important. Méprisées par les agronomes du XIXe siècle et par nombre de paysans, leur image s'avérait très négative, associée, dans la pensée collective, à la misère et à l'archaïsme agricole : un animal tout juste bon à fournir un peu de lait à ces vieilles femmes sans ressources et sans terre, qui traînaient le long des chemins leur unique bête famélique afin de lui faire brouter l'herbe des haies et des talus.

Seul point positif : le lait de chèvre, plus proche de celui des femmes que le lait de vache, était recommandé pour le biberon des nourrissons, et permettait la confection d'excellents fromages, tels ceux produits dans la région de Sainte-Maure en Touraine.

Types Méridionaux
27. - Le Chevrier et son Troupeau

La basse-cour

« Les coqs, dressés sur leurs ergots, la crête rouge en bataille, la queue en faucille, [...] se bornent à surveiller les poules qui accourent en trottinant et se poussent pour becqueter le grain. »

André Theuriet, *La Vie rustique*

Cour de ferme avec fermière et basse-cour (volaille : canards, poules, coq), et attelage de bœufs rentrant à l'étable. Gravure extraite du Catalogue de la Manufacture Française d'Armes et Cycles de Saint-Étienne, 1913.

La fermière dans sa cour en Limousin (1916) : tout le monde est servi.

Dès les premières lueurs de l'aube, les coqs, indéréglables réveille-matin des campagnes, faisaient entendre leur chant retentissant, se répondant d'une ferme à l'autre. À leur appel, les autres animaux s'agitaient à leur tour : le cheval s'ébrouait dans son écurie, les vaches meuglaient dans leur étable, les porcs commençaient à grogner, les chiens à aboyer. Bref, les coqs semblaient, chaque jour, donner le signal d'un nouveau départ à la vie des campagnes !

Ces fiers volatiles, à la démarche si noble, à l'air si hautain, paraissaient régner sur toute la basse-cour, et d'abord sur la bande de poules qu'ils épiaient de leurs yeux ronds, n'hésitant pas à s'interposer entre deux rivales qui se disputaient un trognon de pomme ou un ver de terre. Et quand la fermière arrivait pour distribuer ses poignées d'orge ou de blé, c'étaient encore eux qui veillaient au grain ! Les poules, comme les autres volailles d'ailleurs, s'ébattaient en toute liberté dans la cour de l'exploitation agricole. La fermière prenait seulement la précaution de couper le bout des ailes des plus téméraires pour les empêcher de voler

au-delà des limites autorisées. Toujours en mouvement, elles trouvaient par elles-mêmes une partie de leur nourriture, grattant le sol en permanence, dénichant les insectes cachés parmi les herbes, s'approchant de la porte de la maison d'habitation dans l'espoir d'y trouver quelques miettes. Dès que le soir tombait, elles regagnaient sans tarder leur poulailler, un abri fermé par une porte qui les protégeait des prédateurs. Là, elles s'installaient en hauteur, sur un perchoir, pour passer la nuit. Les poules étaient d'abord élevées pour leurs œufs. Quand arrivaient les premiers beaux jours, fin février ou début mars, la ponte, interrompue pendant l'hiver, reprenait : un œuf par jour en moyenne. Les plus disciplinées s'efforçaient de pondre dans le poulailler, mais certaines, ressentant le désir de couver et ne voulant pas qu'on leur retire leurs œufs, préféraient aller les dissimuler dans une meule de paille ou dans un coin de grange. Diverses méthodes étaient utilisées pour conserver les œufs, comme le rappelle Louis Liger : « *Pour les garder, les uns les mettent dans du son, du sel ou des sciures de bois de chêne ; les autres dans des cendres ou dans un tas de blé, d'avoine ou de millet, ce qui empêche l'air de les corrompre. [...] Pour les conserver parfaitement frais pendant plusieurs mois, et même plusieurs années, étendez sur vos œufs nouvellement pondus, une couche de vernis le moins coûteux ; ou bien mettez-les dans des pots, et versez dessus de la graisse de mouton fondue.* »

Lorsque la pondeuse, devenue trop âgée, ne produisait plus suffisamment, elle finissait comme «poule au pot» sur la table dominicale. Quant aux poulets destinés à être vendus au coquassier ou sur les marchés, ils étaient engraissés dans des épinettes, cages étroites en bois ou en osier placées dans un endroit sombre. Ils bénéficiaient d'un régime alimentaire spécial : bouillies d'orge, de maïs, de pommes de terres cuites, de son ; de quoi leur faire prendre un maximum de poids en un minimum de temps !

En Aquitaine, afin d'obtenir le fameux foie gras, les oies subissaient un gavage encore plus poussé, confinées, elles aussi, dans un espace réduit et sombre. (« *Si on n'a pas de lieu assez obscur, il faut leur crever les yeux* », n'hésitait pas à recommander Louis Liger.) Pratiqué en automne, le gavage durait trois ou quatre semaines. Pendant cette période, on introduisait de force, deux ou trois fois par jour, dans le tube digestif de l'oie, une bouillie de maïs tiède, légèrement salée, additionnée éventuellement d'un peu de graisse. Pour cela, on se servait d'un «gorgeoir», un instrument constitué d'un entonnoir prolongé par un tuyau assez long pour pénétrer jusqu'au jabot, la nourriture étant poussée par une sorte de piston en bois. Pendant l'opération, l'oie était maintenue serrée entre les jambes du gaveur qui, pour la rassurer et faciliter la descente du maïs, lui massait le cou. Plus tard, on utilisa des « gavoirs » plus perfectionnés, munis d'une vis sans fin actionnée par une petite manivelle. Dans le reste de la France, les oies ne connaissaient pas un tel traitement. Elles étaient élevées principalement pour leur

TABOURET-ÉGRENOIR À MAÏS

De forme étonnante, vaguement zoomorphe, ce tabouret servait à égrener les épis de maïs destinés à la volaille.

ÉGRENOIR À MAÏS À MAIN

Objet rare et curieux, à ne pas confondre avec un poing américain !

NID DE PIGEON

À suspendre, il servait de pondoir.

chair mais on utilisait également leurs plumes pour garnir les édredons.

Parmi la volaille, on trouvait aussi quelques dindons qui, en général, ne survivaient guère aux fêtes de Noël, des pintades et parfois des bandes de pigeons, appréciés pour leur chair délicate.

Outre la volaille, chaque ferme élevait quelques lapins abrités dans des clapiers en bois garnis de paille régulièrement changée. On les nourrissait sans grand frais avec les épluchures, l'herbe ramassée le long des champs, des feuilles de choux et, exceptionnellement, quelques carottes ou une poignée de grain. Lorsque la maîtresse de maison avait décidé de préparer un civet, elle choisissait le plus gros mâle. Après l'avoir assommé d'un violent coup de trique derrière les oreilles, elle lui arrachait un œil avec son couteau de cuisine puis récupérait le sang dans un récipient contenant un peu de vinaigre pour éviter qu'il ne coagule. L'opération se déroulait souvent sous le regard indifférent des jeunes enfants, habitués depuis toujours à ce macabre spectacle. La peau de l'animal était ensuite retirée avec dextérité, un savant déshabillage qui laissait la malheureuse bête à nu, tous muscles à l'air. Retournée, enfilée sur une baguette d'osier pliée en deux qui la tendait, cette peau était ensuite mise à sécher sous un hangar, suspendue hors de portée des chats, jusqu'au prochain passage du marchand de peaux de lapins, une de ces figures pittoresques qui sillonnaient alors les chemins de campagne tout comme les ramoneurs, rémouleurs, rétameurs, vendeurs de paniers, réparateurs de porcelaine ou autres colporteurs.

GORGEOIR

Cet entonnoir à gaver très rustique, à piston, s'utilisait comme ci-contre. Jusque dans les années 1920-1930, on utilisait un gorgeoir constitué d'un simple entonnoir avec un tuyau assez long et une tige de bois dont la forme permettait de pousser les grains de maïs vers la profondeur de l'estomac. On procédait généralement avec délicatesse, le corps de l'animal étant tenu entre les jambes pour éviter qu'il ne gigote. De temps à autre, on ajoutait de l'eau au maïs afin d'en faciliter la digestion.

On tue le cochon !

« Quel animal admirable que le cochon !
Il ne lui manque que de savoir faire lui-même son boudin. »
Jules Renard, *Le Cochon, histoires naturelles*

La mort du cochon dans une cour de ferme en Indre-et-Loire.

Le charcutier est assisté des gens de la ferme, dans les montagnes du Doubs.

Page ci-contre : de nos jours, la fête annuelle du cochon à Saint-Pons, dans l'Hérault.

Dans la plupart des campagnes, chaque ferme comptait, parmi son cheptel, un ou plusieurs porcs, des animaux élevés à peu de frais dont la viande pouvait se conserver salée ou fumée. Tuer le cochon ! Un acte d'importance, quasi solennel, qui revenait chaque année au début de l'hiver. Un événement aux rites bien établis, une sorte de sacrifice dont la victime était parfois appelée avec déférence « Monsieur ». Oui, le paysan ne manquait pas d'égards envers « son » cochon, une bête qu'il avait engraissée lui-même avec soin, presque avec amour, et qui allait fournir à sa famille l'essentiel de la viande pour les mois à venir. Quand il avait jugé que la bête était grasse à souhait, qu'il devinait sous la peau une bonne couche de lard, il retenait une date avec le « tueur » ou « saigneur », celui qui allait procéder à la mise à mort.

La veille du jour fixé pour l'exécution, une certaine effervescence régnait dans la ferme. On préparait les pots en grès, le grand chaudron, les plats et les bassines ; on aiguisait les couteaux, les couperets et autres hachoirs ; on sortait les torchons, les tabliers ; on installait, dans le bâtiment le plus frais, des planches sur des tréteaux en guise de table à découper.

Le tueur, grand maître de cette curieuse cérémonie, arrivait au lever du jour, cassait la croûte, buvait le café. Pendant qu'il sirotait l'eau-de-vie servie en guise de pousse-café, le fermier allait chercher le héros malheureux du jour. Ce dernier, entendant qu'on s'approchait de son abri, se mettait à grogner et à s'agiter. Non pas qu'il devinât le sort qui l'attendait, mais parce qu'on ne l'avait pas nourri depuis vingt-quatre heures et qu'il espérait enfin recevoir sa pâtée habituelle. La bête était conduite jusqu'à un endroit de la cour recouvert de paille propre. Là, on lui passait subrepticement un nœud coulant autour d'une des pattes arrière afin de le déséquilibrer pour le faire tomber sur le flanc. (Dans certaines régions, on l'immobilisait avec des cordes et on le hissait sur un banc.) Le saigneur, d'un geste sûr, enfonçait la redoutable lame de son couteau dans le cou du porc qui poussait des cris affreux, avant de se taire définitivement. (Parfois le tueur assommait l'animal avant de le saigner, en lui assénant un violent coup de masse sur la tête.) Le sang qui giclait était recueilli dans une poêle à long manche puis versé dans un récipient contenant un peu de vinaigre, sang qu'une femme agitait vigoureusement avec sa main pour éviter qu'il ne coagule. On faisait ensuite griller les soies du cochon avec de la paille enflammée, et la bête morte était suspendue par les pattes arrière, la tête en bas, sur une échelle posée contre un mur. On la lavait à coups de seaux d'eau chaude avant de gratter

VESSIE DE PORC

Traditionnellement, la vessie de porc servait à conserver la graisse.

ARRACHE-ONGLES

Servait à ôter les ongles du porc avant de préparer les pieds de cochon.

PÈLE-PORC

Concave et affûtée, elle débarasse la peau du porc de ses soies.

COUTEAUX ET FUSIL AVEC LEUR GAINE

L'attirail du tueur de cochon itinérant.

sa peau avec un couteau ou une pierre coupante pour la débarrasser de ses restes de soies. Commençait alors le dépeçage de l'animal : le saigneur, devenu charcutier, coupait d'abord la tête puis fendait verticalement la carcasse du cochon en deux pour en retirer les abats (foie, cœur, rate, rognons) et les tripes que les femmes allaient aussitôt nettoyer avec soin. Cette opération était généralement suivie d'une pause, la viande devant se reposer une nuit avant d'être découpée.

Ce n'est donc que le lendemain qu'on retirait jambons, côtelettes et rôtis, enveloppés aussitôt dans des torchons, et qu'on empilait dans des tinettes en grès, entre des couches de gros sel, les morceaux de petit salé. On préparait aussi toutes les « cochonnailles », à commencer par le boudin. Les boyaux propres étaient remplis, grâce à un petit entonnoir appelé « boudinière », du sang mélangé à de petits morceaux de viande et de gras, d'oignons, d'épices, d'échalotes. Noués avec un fil tous les 15 à 20 centimètres, ils constituaient des chapelets, cuits ensuite à l'eau chaude dans un grand bassin. Après le boudin, venait la confection des andouilles, andouillettes, crépinettes, saucisses, saucissons, fromage de tête, pâtés, carbonades, rillons ; autant de préparations permettant d'utiliser toutes les parties du porc car « *dans le cochon, tout est bon* », des pieds aux oreilles, et de la queue au museau.

ENTONNOIRS À SAUCISSES ET À SAUCISSONS

Accessoires utilisés avec la boudinière ci-dessous.

BOUDINIÈRE

Cet entonnoir à piston et à embouts interchangeables était utilisé pour remplir régulièrement les boyaux de viande hachée.

FUSIL

Muni d'une chaînette ornée d'une tête de bovin, il sert à affûter les couteaux du boucher qui le porte à la ceinture.

SCIE DE BOUCHER

Scie traditionnelle, toujours utilisée actuellement.

FENDOIR

Poignée en corne avec crochet.

POUSSOIR À SAUCISSES

Version mécanisée de la boudinière, le poussoir à manivelle est plutôt un matériel de professionnel, conçu pour assurer une production plus importante.

ENSEIGNE DE BOUCHER

Figurant une tête de bœuf à taille réelle.

CROCHET DOUBLE

Pour suspendre les quartiers de viande.

GRATTOIR DE BILLOT

Dit « gratte-étal », il est utilisé pour nettoyer à fond les billots de boucher en bois.

Dans certaines provinces comme le Maine ou la Touraine, les paysans cuisinaient aussi de succulentes rillettes. Dans le vaste chaudron qui, d'ordinaire, servait à faire bouillir la lessive, on jetait les morceaux de porc découpés en gros dés, choisis de préférence dans l'échine et la poitrine. Au bout d'un moment, la graisse se mettait à fondre en émettant un léger grésillement et en dégageant un appétissant fumet.

Lentement, très lentement, la viande commençait à cuire. Le paysan, ou plus souvent son épouse, remuait précautionneusement le contenu du chaudron avec une longue spatule en bois, tout en surveillant du coin de l'œil le feu qui devait rester à une température constante, ni trop forte, ni trop basse. Et cela, pendant des heures. La cuisson terminée, la graisse encore liquide était versée dans des pots où, en se refroidissant, elle prendrait une belle couleur blanche : elle servirait plus tard à cuire les rousseroles de Carnaval ou les crêpes de la Chandeleur.

Avec un pilon en bois, on écrasait la viande maigre qui restait dans le chaudron afin de bien détacher les fibres. Les rillettes étaient prêtes. Les femmes en emplissaient des pots en grès qu'elles recouvraient d'une couche de graisse protectrice. Les rillettes pourraient ainsi se conserver de longs mois.

« C'est si bon les bonnes rillettes sur du bon pain. Et c'est encore meilleur lorsqu'on a fait griller la tartine à la braise du foyer. [...] Un tout petit peu de rillettes sur une grosse bouchée de pain, une lampée de gamay par là-dessus, et vous m'en direz des nouvelles ! » (Maurice Davau, 1899-1993)

On ne terminait jamais ces jours d'intense activité sans goûter aux diverses cochonnailles et sans en faire profiter voisins et amis qui recevaient soit quelques côtelettes, soit du boudin ou encore, une terrine de pâté.

Fendoir

À long manche pour fendre plus facilement les os et les quartiers de viande.

Couperet fendoir

Bel exemplaire d'un ustensile classique des métiers de la viande.

Pot à rillettes

En faïence.

L'apiculture

« *Avec les abeilles et les moutons, l'argent vous vient en dormant.* »
Proverbe alsacien.

Pendant des siècles, le miel a remplacé le sucre de canne, denrée trop coûteuse, réservée aux classes aisées de la société, avant que n'apparaisse le sucre de betterave. Bien des paysans possédaient donc quelques ruches au fond de leur jardin, en bordure d'un champ de luzerne ou à l'orée d'un bois tapissé de bruyère.

On ne peut dire avec certitude à quel moment les hommes ont commencé à pratiquer l'apiculture ; on sait cependant qu'elle existait déjà dans l'Égypte du Haut-Empire (2 400 ans avant notre ère).

Les abeilles, par leur vie en société, leur organisation remarquable, la répartition des tâches au sein de leur communauté, ont toujours fasciné les hommes. Ces insectes très sensibles à la qualité de leur environnement, nécessaires à la pollinisation des fleurs, étaient considérés par Albert Einstein comme des animaux témoins. Le savant affirmait que, lorsque les abeilles disparaîtraient de la surface de la terre, l'humanité n'aurait plus que quatre années à vivre ! En observant les abeilles, les agriculteurs pouvaient obtenir de précieuses indications sur le temps des jours à venir. S'ils voyaient un essaim sortir d'une ruche, ils savaient qu'ils

Un rucher modèle au début du XXe siècle, entièrement équipé en ruches « chalets », à cadres mobiles. L'un de ces cadres est présenté par l'enfant au premier plan.

pouvaient faire les foins en toute quiétude : il ne pleuvrait pas avant une bonne semaine, les abeilles attendant toujours une période de beau temps pour quitter la ruche et partir à l'aventure.

Du printemps à l'automne, des armées d'abeilles ouvrières, les butineuses, récoltaient inlassablement le nectar au cœur des fleurs des plantes mellifères. Elles l'engrangeaient dans leur jabot puis le ramenaient à la ruche où d'autres abeilles le récupéraient pour le stocker dans des alvéoles hexagonaux en cire. Jour après jour, les butineuses accomplissaient courageusement leur tâche jusqu'à mourir d'épuisement, au bout de cinq à six semaines, au cours d'un dernier vol.

La forme des ruches a beaucoup évolué selon les lieux et selon les époques. En France, pendant longtemps, elles étaient constituées d'une sorte de panier en osier ou en paille, en forme de cloche retournée, protégé de l'humidité par une couche d'argile ou de boue séchée. À l'intérieur, les rayons de cire, fabriqués par les abeilles elles-mêmes, étaient fixes et on devait les casser pour récupérer le miel. Au XIXe siècle, François Huber inventa une ruche munie de cadres mobiles. Ceux-ci permettaient de retirer les alvéoles et de les replacer facilement, sans rien détériorer. Avec leurs toits plats ou à deux pans, ces ruches modernes, en bois, ressemblaient un peu à des maisons miniatures. Plus tard, des rectangles de cire gaufrée furent fixés aux cadres pour faciliter le travail des ouvrières et leur permettre de consacrer plus de temps à la production de miel. Pour récolter le produit de ses ruches, l'apiculteur faisait le plus souvent appel à un spécialiste, appelé « brêcheur » dans le Sud du Bassin parisien. Le corps bien protégé par un vêtement de couleur claire (les abeilles s'en prenant davantage aux couleurs sombres), la tête couverte d'un chapeau, le visage enveloppé dans un voile transparent, le brêcheur choisissait d'opérer par un jour de grand soleil, lorsqu'un maximum d'abeilles était occupé à l'extérieur. À l'aide d'un enfumoir, dans lequel il brûlait de vieux chiffons ou de la paille, il provoquait dans la ruche une véritable panique ; il s'ensuivait une intense effervescence qui se traduisait par un bourdonnement caractéristique. Se sentant menacées, les abeilles se préparaient à fuir et pour cela, ces insectes prévoyants emplissaient leur jabot de miel, ce qui les empêchait pratiquement de piquer, sous peine de perdre leur précieuse provision.

L'apiculteur pouvait alors retirer les cadres de la ruche et les brosser pour faire tomber les abeilles qui s'y accrochaient encore. Avec un couteau spécial, il dégageait la fine pellicule de cire qui bouchait les alvéoles. Les cadres étaient ensuite placés dans un extracteur et soumis à une rotation qui projetait le miel contre les parois de l'appareil. Le miel brut était ensuite filtré et laissé quelques jours en décantation avant d'être mis en pots.

ENFUMOIR À SOUFFLET

POT À MIEL

En faïence.

RUCHE DITE « BUC »

Taillée dans un tronc d'arbre creux, celle-ci est protégée par une ardoise.

RUCHE RUSTIQUE

Faite d'une armature de noisetier recouverte de bouse de vache.

Couteau à désoperculer

Utilisé pour enlever les opercules fermant les alvéoles des rayons, avant d'extraire le miel.

Ruche rustique

En paille et noisetier tressés.

Lève-cadre

Pour enlever les cadres mobiles des ruches perfectionnées.

Enfumoir à soufflet

En fer-blanc, bois et cuir.

Enfumoir à soufflet

En laiton, à soufflet en cuir.

Enfumoir mécanique

Modèle perfectionné, équipé d'un ventilateur à manivelle.

5065
1989

La vigne et le vin

Du travail tout au long de l'année

« La vigne est le bien le plus précieux sur terre. »
Caton l'Ancien

Autrefois, dans presque toute la France, le paysan cultivait quelques arpents de vigne, histoire de produire le vin destiné à la consommation familiale ; deux ou trois rangées de ceps bien alignés, sur une pente exposée de préférence au soleil levant. Au milieu, quelques pêchers rustiques, poussés en plein vent, donnaient de petits fruits à la chair rougeâtre très parfumée. Au bout de la vigne, des pieds d'osier dont les tiges serviraient à attacher les sarments ou à fabriquer, durant les veillées d'hiver, des petits ouvrages de vannerie. On trouvait aussi parfois, à la tête des rangs, des rosiers ou des dahlias, plantés là comme sentinelles destinées à détecter l'arrivée des maladies de la vigne.

Dans certaines régions, le vigneron construisait une cabane, une « loge » (appelée « loubite » dans la vallée du Cher), dans laquelle il rangeait ses outils. Là, il pouvait aussi se réfugier pour laisser passer l'ondée, se reposer, casser la croûte ou recevoir en toute discrétion ses amis et parfois... quelque bonne amie !

La vigne est une plante exigeante ; elle demande, tout au long de l'année, de l'attention et un travail méticuleux, pénible, car en grande partie accompli à la main. Une des

Labour dans les vignes du Minervois (Languedoc) avec une charrue manuelle tirée par un cheval percheron.

tâches les plus délicates et les plus importantes s'effectuait à la fin de l'hiver, lorsque la sève commençait à monter dans les branches et que les grosses gelées étaient passées. Il s'agissait de la taille effectuée à la serpette ou au sécateur : elle consistait à couper la plus grande partie des sarments, afin de ne conserver, sur chacun d'eux, que quelques yeux (bourgeons), de un à quatre selon que la taille était dite « longue » ou « à court bois », opération nécessaire pour avoir de belles grappes de raisin. Quand la vigne venait d'être taillée, la sève continuait à perler au bout de la branche mutilée, formant des gouttelettes semblables à des larmes ; on disait alors que la vigne « pleurait ». Ces gouttelettes passaient pour être efficaces contre les maladies des yeux.

Les vieilles légendes racontent que la taille de la vigne fut enseignée aux hommes par un âne. Mais pas n'importe quel âne, celui du bon saint Martin, l'apôtre des Gaules. Un beau jour de printemps, alors que le saint homme faisait une sieste sous un arbre, son âne en profita pour aller brouter les jeunes pousses d'une vigne voisine. Quand le saint se réveilla, il était trop tard, tous les ceps avaient été saccagés. Or, miracle ! Aux vendanges suivantes, on constata avec surprise que cette vigne donnait beaucoup plus de raisin que toutes les autres. L'âne de Martin, sans doute guidé par Dieu, ou peut-être par Bacchus, venait d'apprendre aux hommes l'art de tailler la vigne. Derrière le vigneron qui taillait, sa femme ou

Les femmes participaient aux travaux de la vigne : sur place, dans le réchaud mobile, elles brûlent les sarments qui ne pourront être utilisés pour le feu domestique.

Herse vigneronne

Herse étroite à dents robustes, étudiée pour travailler dans les sols pierreux.

CHARRUE À DÉCAVILLONNER

Utilisée au printemps pour déchausser les ceps de vigne, protégés du gel hivernal par la terre retournée lors des labours d'automne.

HOUE À VIGNE

Utilisée tantôt pour sarcler toute une vigne, tantôt pour travailler le sol entre les ceps, là où la charrue est trop large. Représentée non emmanchée.

PULVÉRISATEUR

Dit aussi « sulfateuse », il était très utilisé pour vaporiser la solution de sulfate de cuivre, ou « bouillie bordelaise », employée pour traiter les vignes. Il s'attachait dans le dos avec des courroies, le bras droit pompant à l'aide du levier, tandis qu'un tuyau souple dirigé par le bras gauche projetait le sulfate sur les vignes.

ses enfants ramassaient les sarments et les liaient en bottes. Une fois secs, ils feraient de belles flambées dans la cheminée ou dans le four à pain.

Beaucoup de vignes étant plantées à flanc de coteau, il arrivait qu'après une violente averse l'eau, en ruisselant entre les rangs en pente, entraîne avec elle beaucoup de terre et de cailloux, si bien que les ceps se retrouvaient en partie déracinés. Dans le Val de Loire, le vigneron faisait alors appel à des « buttelières », des femmes dont la tâche consistait à remonter la terre sur leur dos, dans une hotte appelée « buttet », d'une contenance d'environ six pelletées. Pliées sous leur fardeau, elles accomplissaient cet harassant travail de fourmi des heures durant, pour un salaire de misère. Après la taille, le paysan effectuait un premier labour à l'aide d'une petite charrue, la décavaillonneuse, ce qui permettait de déraciner les mauvaises herbes, d'aérer le sol et de faciliter la pénétration des eaux de pluie. Peu à peu, les bourgeons gonflaient et laissaient

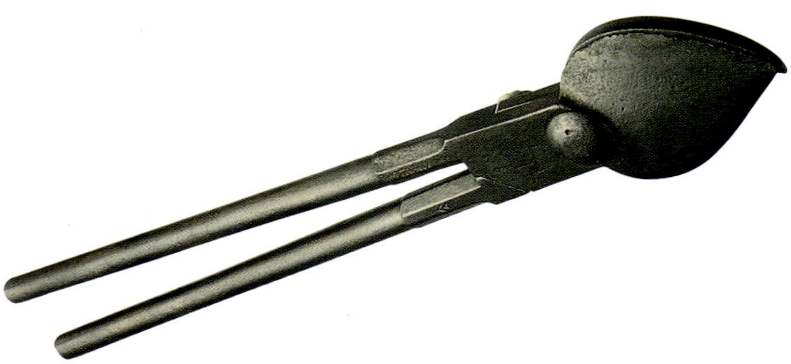

CISEAUX À TAILLER LA VIGNE

PANIER À GREFFONS

Destiné au transport dans les vignes des greffons préparés, rangés par variétés dans les compartiments.

entrevoir le bout des premières feuilles, toutes frêles et fragiles ; c'était l'époque la plus critique pour les vignes qui étaient à la merci d'une gelée tardive, surtout au milieu du mois de mai, pendant la période dite des « saints de glace », (11, 12, 13 mai, fêtes des saints Mamert, Pancrace et Servais).

En cas de menace, pour essayer d'éviter le pire, les vignerons d'un même secteur se réunissaient pour allumer des feux de branches vertes destinés à produire le plus de fumée possible : « *Pendant toute la nuit, ces feux, soigneusement entretenus, interposent d'épais rideaux mobiles entre le ciel et les tendres folioles des bourgeons. Ils arrêtent l'expansion du rayonnement nocturne et, au matin, ils interceptent les rayons du soleil levant, plus meurtriers encore pour la vigne que le froid de la nuit.* » (André Theuriet, *La Vie rustique*)

COUTEAU À GREFFER

De même usage que le polygreffe, il était plutôt utilisé dans les petites propriétés.

CISEAUX À TAILLER LA VIGNE

Ces ciseaux à long manche permettaient de tailler les sarments au ras du cep. L'étui de transport se portait en ceinture. Une poche contenait un flacon, semble-t-il rempli d'huile, probablement pour lubrifier l'articulation des ciseaux.

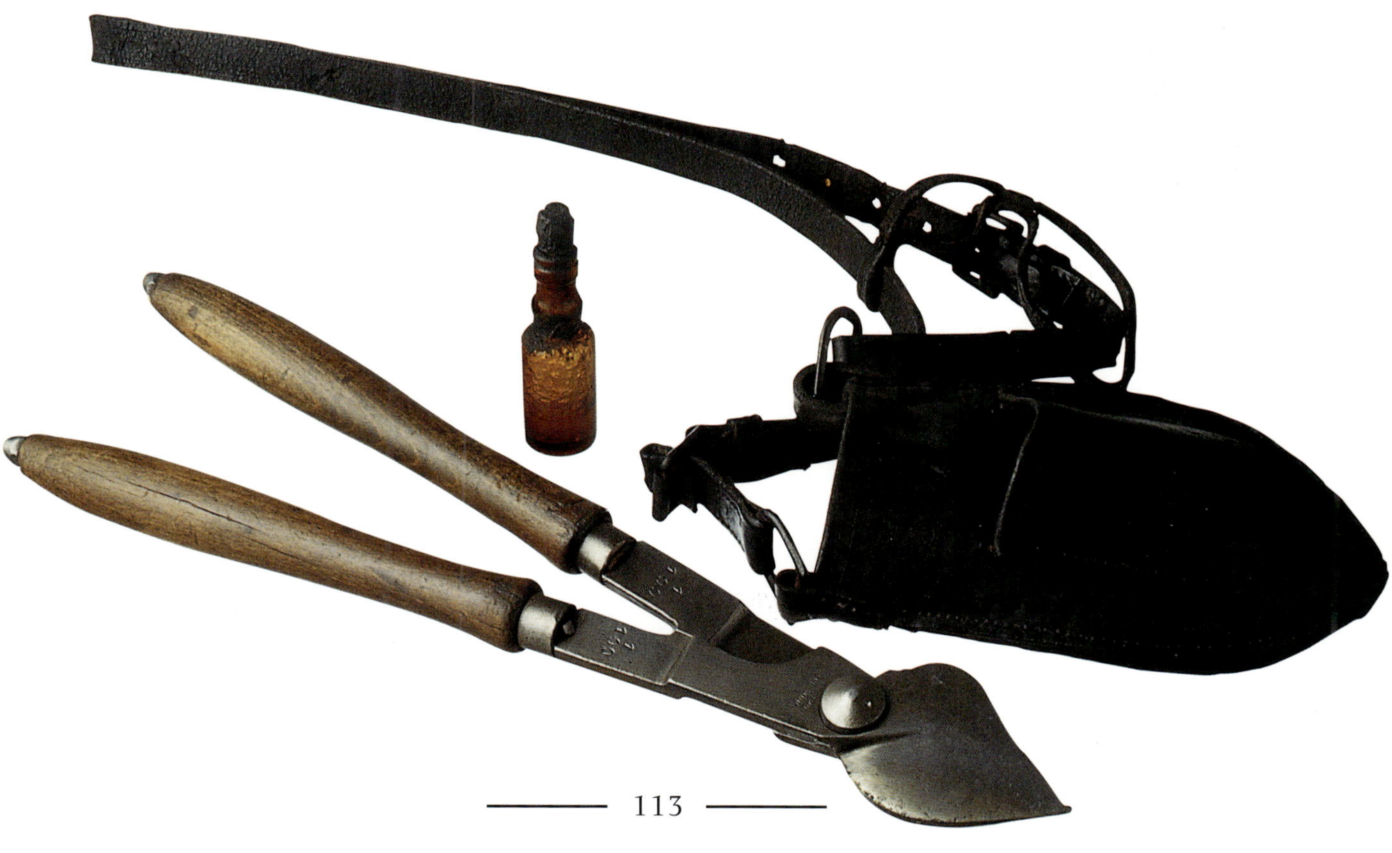

Le gel tardif n'était pas le seul ennemi du vigneron, celui-ci devait aussi lutter contre des maladies cryptogamiques comme l'oïdium et le mildiou. L'oïdium attaquait toutes les parties aériennes de la vigne, faisant apparaître des taches sur les feuilles. Blanches au début, ces taches tournaient peu à peu au jaune puis au brun. Pour combattre ce dangereux champignon il fallait, à l'aide d'un soufflet, épandre à plusieurs reprises de la fleur de soufre sur la vigne. Le mildiou, lui aussi, attaquait les feuilles et, une fois déclaré, rien ne pouvait l'arrêter. On devait donc agir préventivement en pulvérisant sur la vigne, à différents stades de son évolution, des bouillies à base de sulfate de cuivre, les fameuses bouillies bordelaises qui teintaient les feuilles en bleu.

Échaudeuse portative et verseuse

Petite échaudeuse compacte, composée d'un réchaud à charbon de bois et d'un réservoir dans lequel on faisait directement bouillir l'eau.

Mais, dans la seconde moitié du XIXe siècle, la grande terreur des viticulteurs, l'Attila des vignes, fut un minuscule puceron, le phylloxéra. Importé d'outre-Atlantique en même temps que des plants de vigne américains, il commença par ravager les vignobles du Midi avant de gagner progressivement tout le pays, faisant disparaître l'ancien vignoble français. On chercha longtemps un remède au fléau avant de trouver la seule solution efficace : le greffage des plants français sur des souches américaines qui, elles, résistaient au phylloxéra. Au fur et à mesure que l'année s'avançait, la vigne s'étoffait de feuilles tandis que des grappes de petits grains verts se formaient. En juin, aux alentours de la Saint-Jean, elle fleurissait.

De plus en plus lourds de feuillage et de fruits, les pampres avaient besoin d'être soutenus et relevés pour que les raisins ne reposent pas sur le sol, c'était l'accolage : le vigneron attachait les branches de sa vigne avec de la paille de seigle, du jonc, du raphia ou, plus tard, de la ficelle, sur les fils de fer tendus entre les échalas, ces piquets de châtaignier ou d'acacia plantés à intervalles réguliers le long des rangs.

Polygreffe

Instrument de précision à lames réglables pour préparer les greffons et les tailler en biseau selon les différents types de greffe pratiqués. Cet appareil est apparu avec le phylloxéra, qui obligea à greffer systématiquement les vignes européennes sur des pieds américains.

Grande échaudeuse portable

À double usage. Pour produire l'eau bouillante nécessaire au rinçage des tonneaux et purifier le bois ; et, transportée dans les vignes, elle servait à l'échaudage de la pyrale (ébouillanter la vermine).

Soufflet à soufre

Le soufrage permet de détruire nombre de parasites du feuillage de la vigne et de traiter certaines maladies cryptogamiques.

Les vendanges

« *La joie ruisselait comme le vin de colline en colline.* »
Alphonse de Lamartine, *Mémoires inédits*

SERPETTE

L'usage de la serpette a été progressivement remplacé par celui des sécateurs.

COUPE-MARC

Pour fragmenter le marc dans les cuves.

Jadis, le vigneron ne devait pas entreprendre de couper son raisin avant que ne soit proclamé, dans sa commune, le ban de vendange, une décision qui, sous l'Ancien Régime, appartenait aux seigneurs. La Révolution n'avait pas supprimé ce vieux droit féodal mais l'avait transmis aux municipalités.

Avec la fin de l'été, approchait l'époque des vendanges, un moment fort de la vie rurale qu'on devait préparer plusieurs semaines à l'avance. Un ultime sarclage entre les rangs de vigne pour supprimer les herbes parasites, éventuellement un effeuillage des pampres pour permettre aux raisins de bénéficier au mieux des derniers rayons du soleil. Dans la cave, l'heure était venue de préparer les futailles, de contrôler l'étanchéité de la cuve, de s'assurer de la bonne marche du pressoir. Il fallait surtout remettre en état les tonneaux vides, vérifier leur cerclage, les laver à l'eau bouillante en agitant le plus vigoureusement possible les chaînes glissées à l'intérieur pour les décrasser. Il fallait ensuite les abreuver, c'est-à-dire

HOTTE

Classique hotte de vendangeur en lattes de bois et vannerie, portée à dos d'homme.

les mettre en eau afin que les douelles gonflent et retrouvent leur étanchéité, et les mécher (allumer une mèche soufrée à l'intérieur pour les purifier). Pas de temps à perdre ; tout devait être prêt pour le grand jour ! Ce matin-là, dès l'aurore, la cour de la ferme s'emplissait de la joyeuse cohorte des vendangeurs : les gens de la maison bien sûr, jeunes et vieux, mais aussi amis et voisins venus donner un coup de main car les vendanges, comme les battages, donnaient l'occasion de s'entraider. Après une collation arrosée de quelques verres de vin, la troupe se mettait en route à la suite des charrettes chargées des tonnes (gros tonneaux ouverts) ou des basses (petites cuves) destinées à recevoir le raisin, les unes comme les autres bien arrimées aux ridelles de la voiture.

Arrivées à la vigne, les charrettes étaient stabilisées par leurs chambrières, les chevaux étaient dételés et attachés à un arbre. Les vendangeurs se répartissaient de chaque côté des rangs. Armés de leur serpette ou de leur sécateur, ils commençaient la cueillette des raisins encore humides de la rosée de la nuit, cherchant sous les feuilles les grappes qui portaient toujours les marques bleutées du dernier sulfatage. Ils les détachaient d'un coup sec avant de les lancer dans leur panier ou dans leur seau en bois (plus tard en tôle). Un bon vendangeur ne devait pas oublier de grappes derrière lui. Il ne devait pas non plus égrener la grappe en la cueillant ou alors, si cela arrivait, il fallait qu'il ramasse les grains tombés sur le sol. Le dos courbé, avançant accroupis d'un cep à l'autre, les

REPUBLIQUE FRANÇAIS
5c

vendangeurs effectuaient un travail qui, s'il ne demandait pas d'effort physique important, s'avérait vite très fatiguant. Pourtant, la bonne humeur régnait : on parlait haut, on plaisantait, on riait beaucoup. Hommes et femmes, à demi dissimulés par les pampres, goûtaient soudain une certaine liberté et se laissaient un peu aller. Cela se traduisait par un relâchement dans les conversations, l'échange de propos grivois, d'allusions graveleuses. Parfois, quelqu'un entonnait une chanson, reprise en chœur par d'autres. Parfois, un jeune homme arrivait subrepticement derrière une fille et la barbouillait de raisin ou glissait une grappe dans l'échancrure de son corsage : cris d'orfraie de la victime, éclats de rire des témoins, fuite du garçon poursuivi par la vendangeuse...

Quand le panier était rempli, le vendangeur le vidait dans la hotte en osier ou en tôle que portait sur son dos un homme dans la force de l'âge, le hotteur. C'est lui qui acheminait le raisin récolté jusqu'à la charrette installée au bout de la vigne. Là, après avoir escaladé les barreaux de la petite échelle placée à l'arrière de la voiture, il versait d'un coup de reins assuré sa charge de raisin dans les tonnes où ils étaient écrasés une première fois à l'aide d'un pilon en bois, le fouloir, ou simplement par les pieds d'un vendangeur aux jambes nues. Si la vigne était un peu éloignée de la maison d'habitation, le repas de midi se prenait sur place, près de la loge quand il y en avait une, ou à l'ombre d'un arbre : rillettes, saucisson, rôti froid, harengs, merluche, fromage de chèvre, le tout arrosé du vin de l'année précédente. L'après-midi, les rangs paraissaient plus longs, on avait hâte d'arriver à leur bout pour souffler un instant. À la fin de la journée, les vendangeurs, le dos brisé, les jambes lasses, quittaient la vigne. Des femmes rapportaient dans leur panier de belles grappes qui feraient le dessert des prochains repas. Tous suivaient la charrette qui ramenait les poinçons remplis de raisin écrasé jusqu'à la ferme où la vendange serait « dépotée » (transvasée) dans la cuve et à nouveau pilée.

Le repas du soir, bien consistant, redonnait de la force aux corps fatigués, et les voix prenaient à nouveau de l'ampleur, mais on ne s'attardait pas trop car on savait que la nuit serait courte et que, dès potron-minet, il faudrait repartir pour une nouvelle journée dans les vignes. Par contre, s'il s'agissait du souper qui clôturait les vendanges (le « cochelet » en Champagne, le « berlot des vendanges » en Touraine), on ne se pressait pas : les plats plus nombreux et plus riches se succédaient et, le vin aidant, l'ambiance devenait de plus en plus gaie, jusqu'à ce que quelqu'un s'empare d'un violon et invite les convives à danser.

Quand le raisin était ramassé, les vignes devenaient libres d'accès. Chacun pouvait aller « alboter » à sa guise, c'est-à-dire chercher sous la feuille les grains oubliés, la grappe épargnée par le sécateur. Ce droit d'albotage, comme celui de glanage après la récolte des blés, faisait partie des usages ancestraux et permettait à ceux qui n'avaient pas de vigne de faire, malgré tout, un semblant de piquette. Il y avait aussi ceux qui, peu scrupuleux, n'attendaient pas la fin des vendanges pour se servir et qui, la nuit, coupaient le raisin dans des vignes qui ne leur appartenaient pas. Le vin qu'ils en tiraient ensuite était appelé « vin de lune », une boisson qui pouvait rendre aveugles ceux qui la consommaient. C'est en tout cas ce qui se disait pour décourager les voleurs !

Deux scènes de vendanges à Blaye, en Gironde. En haut, les porteurs de raisins, en bas, le patron surveille la cuillette.

Presse à raisin

Cette petite presse manuelle permettait, en pressant quelques grappes, d'obtenir un échantillon de moût, de l'analyser et de déterminer si le moment était venu de vendanger.

Du raisin au vin

« Après le pain vient le vin, second aliment donné par le Créateur à l'entretien de cette vie. »
Olivier de Serres, *Théâtre d'agriculture et mesnage des champs*

Pressoir à raisin
Début XXe siècle.

Page ci-contre, vendanges vers 1900 : le pressoir.

La transformation du raisin en vin s'opérait dans la cuve. Au bout de quelques jours, une réaction s'amorçait : la fermentation du moût (le jus de raisin) et de la rafle (enveloppes des raisins, pédicelles, pépins) commençait. La vendange « bouillait » et le faisait entendre ; de dangereuses bulles de gaz carbonique (gaz asphyxiant quand il est très concentré) remontaient et venaient crever à la surface.

Pendant cette opération, le vigneron, pour accroître le degré d'alcool de son futur vin, pouvait ajouter une certaine quantité de sucre, c'était la chaptalisation, une pratique sévèrement contrôlée dans les régions viticoles. Le bouillonnement dans la cuve prenait de l'ampleur de jour en jour jusqu'à atteindre son paroxysme puis, peu à peu, le calme revenait. Au bout d'une dizaine de jours avait lieu le soutirage. On plaçait sous la cannelle (le gros robinet situé à la base de la cuve) un baquet en bois pour éviter les pertes, et le vin était porté à l'aide de seaux jusqu'aux tonneaux alignés dans la cave. Sur leur bonde, une sorte de grand entonnoir, formé d'un baquet en bois muni d'un tube métallique, permettait de verser le vin plus facilement.

Le soutirage était aussi l'occasion de goûter le vin nouveau encore vert, d'apprécier ses qualités, de prévoir son évolution future.

On en offrait une bouteille aux voisins, aux amis, à tous ceux qui avaient participé aux vendanges. Quand la cuve était soutirée, il ne subsistait plus à l'intérieur que la rafle ou marc, les restes solides des grappes de raisin. Ces déchets, encore imprégnés de vin, étaient mis sur le pressoir pour finir de s'égoutter. À partir de 1850, les pressoirs à levier furent progressivement remplacés par les pressoirs à vis maniés par une longue barre fer. On obtenait alors un vin dit de première presse. En ajoutant de l'eau au marc on pouvait encore recueillir une boisson de moindre qualité, dite de deuxième presse.

Pour obtenir du vin blanc, les viticulteurs opéraient différemment. Aussitôt vendangés, les raisins (rouges ou blancs) passaient au fouloir-égrappoir et étaient portés immédiatement au pressoir. Le moût récolté, qui n'avait pas eu le temps de prendre la couleur des enveloppes des raisins, était mis à décanter et placé dans des barriques où se produisait la fermentation. Avant que celle-ci ne soit achevée, on pouvait déguster la « bernache », un vin très doux, légèrement pétillant et fortement sucré qui, à la veillée, accompagnait parfaitement les châtaignes grillées. Une fois dans les fûts, le vin se reposait, la lie tombait progressivement au fond et pourrait être éliminée au bout de quelques mois par un nouveau soutirage. Pendant toutes ces opérations de vinification, une odeur caractéristique flottait dans l'air : parfum doux et sucré des raisins écrasés, relents d'humidité et de moisi sortant des celliers et des soupiraux des caves, arômes acides s'exhalant des cuves bouillonnantes, saveurs enivrantes du vin nouveau.

Bonde à soufrer

Pour désinfecter les tonneaux au moyen des vapeurs dégagées par la plaquette de soufre enflammée.

Outre

Plus souple et moins fragile que les dames-jeannes, cette outre en peau de bouc retournée servait pour le transport du vin à dos de mulet. Quand elle était percée, la peau tannée par le vin était réutilisée par des fabricants de gourdes.

Intérieur d'une cave à vin avec diverses activités (tirage, embouteillage, bouchage, lavage des bouteilles, etc). Gravure extraite du Catalogue de la Manufacture Française d'Armes et Cycles de Saint-Étienne, 1913.

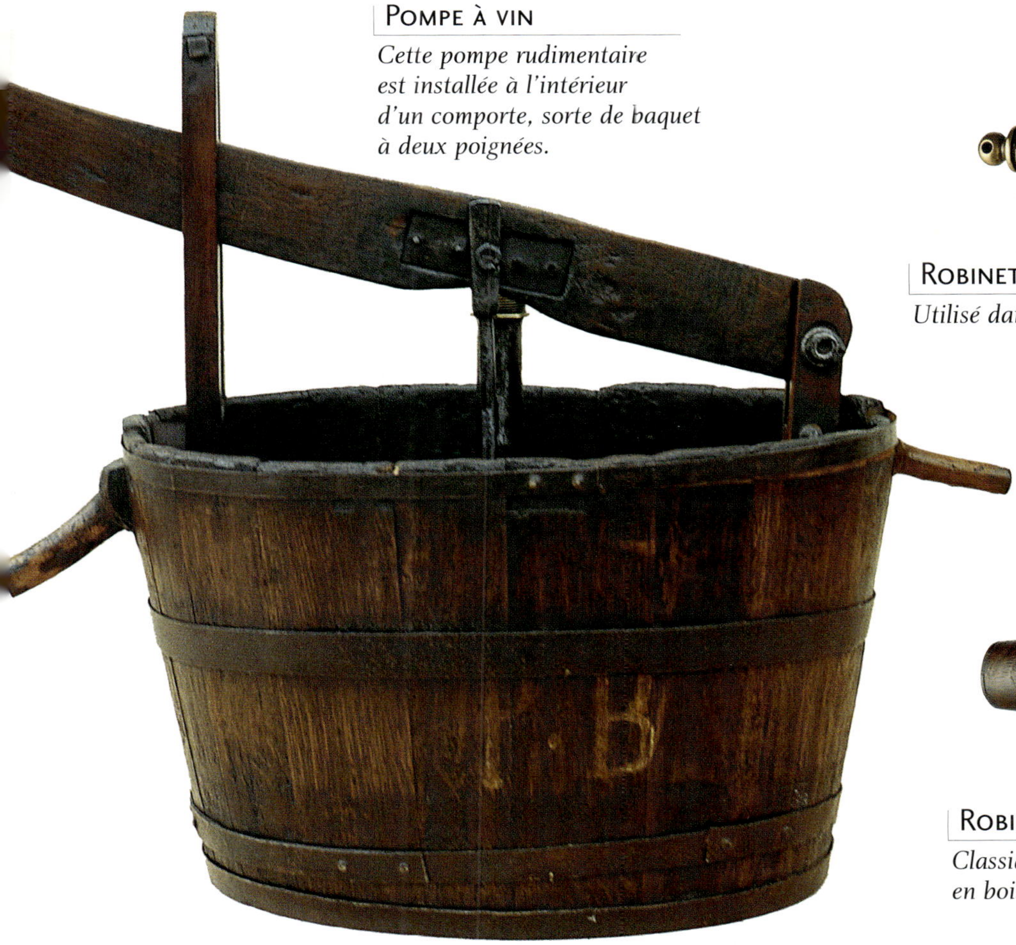

Pompe à vin

Cette pompe rudimentaire est installée à l'intérieur d'un comporte, sorte de baquet à deux poignées.

Robinet en laiton

Utilisé dans les grandes exploitations.

Robinet de tonneau

Classique robinet dit « cannelle », en bois tourné.

Enfermé dans son tonneau, le vin nécessitait une surveillance constante : le vigneron le goûtait de temps en temps en introduisant une pipette (ou taste-vin) dans la bonde. Puis le jour venait de mettre le tonneau en perce. Installé sur des cales en bois qui permettaient de l'incliner au fur et à mesure qu'il se viderait, il recevait à sa base une sorte de robinet, la « champlure » (ou « chantepleure »), allusion au bruit que fait le vin en coulant. Quand le fût était presque vide, le vin pouvait tourner à l'aigre. Des particules blanchâtres, les fleurs, flottaient alors à sa surface. On éliminait ces sortes de moisissures en le transvasant, après l'avoir filtré, dans un fût méché (désinfecté au soufre). Dans l'ensemble des bâtiments qui composaient l'exploitation agricole, la cave tenait une place à part. En partie enterrée, n'ayant, hormis la porte, que d'étroites ouvertures, on n'y conservait pas seulement la boisson

Tire-bonde

Fonctionne sur le principe du tire-bouchon.

Décalitre

En cuivre et laiton, pour mesurer et transvaser le vin.

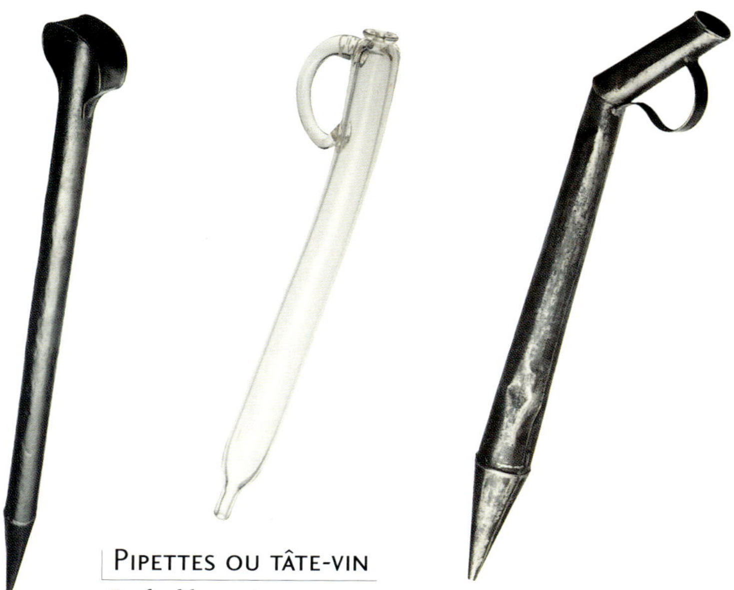

Pipettes ou tâte-vin

En fer blanc et en verre.

ENFONCE-CAPSULE

Utilisé surtout au moment des expéditions pour poser une capsule métallique, marquée au chiffre du vendeur et servant de scellé à la bonde.

SOUFFLET À SOUTIRER

Le soufflet à soutirer est utilisé pour transvaser le vin par pression d'un tonneau à l'autre, sans contact avec l'air, donc sans risque d'oxydation ou de transmission de germes.

ÉBULLIOSCOPE OU ÉBULLIOMÈTRE DE SALLERON

Cet appareil sert à déterminer les températures d'ébullition des corps.

familiale, on y rangeait aussi les bocaux de fruits ou de légumes, les pots en grès renfermant les morceaux de porc salé ou les rillettes, les bouteilles de goutte ou les confitures. On y suspendait le garde-manger, parfois les fromages. C'était aussi un endroit où les hommes se retrouvaient avec plaisir, entre mâles, entre frères ; un endroit un peu hors du monde où ils discutaient de tout et de rien, des veaux qui se vendaient mal, de la réputation de la femme du voisin ou des prochaines élections municipales. Au milieu des tonneaux aux flancs rebondis, il leur arrivait même de refaire le monde, tandis que l'unique verre, jamais lavé, culotté, patiné par des années de bons et loyaux services, passait de main en main, de lèvres en lèvres, tel le calice d'une Cène tout à fait païenne !

Vers la fin du mois de janvier, tous les vignerons d'une même commune se retrouvaient pour fêter ensemble leur patron, saint Vincent. À l'issue de la messe au cours de laquelle les vignerons, à tour de rôle, offraient le pain bénit, ils promenaient en procession dans les rues du village la statue du saint, précédée de sa bannière et du « bâton de Saint-Vincent », un long bâton en bois décoré de feuilles de vigne et de grappes de raisin. Tout le monde se retrouvait ensuite autour d'une table bien garnie, rassuré sur les vendanges futures si le ciel était dégagé, car selon le dicton :

« Si le jour de la Saint-Vincent
Le soleil est clair et beau
On aura plus de vin que d'eau. »

Cave de vinification à Carcassonne (Aude), dans les années 1930.

Alambics et bouilleurs de cru

« Le grand alambic de cuivre rouge [...] laissait couler sa sueur d'alcool, pareil à une source lente et entêtée. »

Émile Zola, *L'Assomoir*

L'alambic ambulant du bouilleur de cru. L'invention de l'alambic est attribuée aux Arabes, autour du Xe siècle.

Le marc sorti du pressoir était conservé dans des fûts. Il servirait à fabriquer la « gnôle » ou « goutte », cette eau-de-vie d'une belle couleur dorée qui réchauffait le corps et remontait le moral du laboureur se préparant à affronter une nouvelle journée de travail. Le précieux nectar possédait d'ailleurs bien d'autres vertus. Pris dans un grog brûlant, il chassait la grippe. On l'utilisait aussi pour désinfecter les plaies des hommes et des bêtes. D'autre part, les femmes n'auraient pu s'en passer pour préparer les délicieuses cerises ou prunes à l'eau-de-vie.

C'est en 1806, sous l'Empire, que Napoléon accorda aux propriétaires de vignes le droit de faire distiller librement leur marc. Les régimes suivants ne le remirent jamais vraiment en cause. La loi de 1903 précisa les limites de ce privilège accordé aux bouilleurs de cru : dorénavant, ils ne pouvaient distiller que 10 litres d'alcool par an (l'équivalent de 20 litres d'eau-de-vie à 50°) pour leur consommation personnelle. En même temps, pour limiter les fraudes, les alambics qui fabriquaient cet alcool étaient soumis à un contrôle strict.

Ces alambics, de différents modèles et de tailles diverses, appartenaient soit à un artisan indépendant, soit à une coopérative de distillerie.

Dans les campagnes, l'alambic était généralement installé sous un hangar en planches couvert de tôles. On devinait de loin sa présence aux âpres effluves d'alcool qui s'en dégageaient. Dans cet antre qui abritait sa mystérieuse machine, un homme, le distillateur, officiait solennellement. Ce faiseur de gnôle, ou « gnôlier », prenait un peu des airs d'alchimiste ou de magicien. À l'aide d'une fourche aux nombreuses dents, il entassait le marc apporté par le paysan dans la vaste marmite, la cucurbite, sous laquelle brûlait un feu de petit bois. Il coiffait ensuite cette chaudière de son chapiteau de cuivre rouge. Au bout d'un moment, les vapeurs d'alcool se dégageaient du marc. Par un tuyau, le col de cygne, elles étaient conduites dans le serpentin, sorte de boyau en cuivre immergé dans une cuve en zinc remplie d'eau froide, le réfrigérant. Là, en se refroidissant, les vapeurs d'alcool se condensaient. Des gouttelettes dorées commençaient à perler, suivies bientôt d'un filet continu, le tout recueilli précieusement dans le seau situé sous le bec de l'alambic. L'œil du distillateur examinait ce liquide encore chaud, le goûtait, et avec son alcoomètre mesurait son degré d'alcool. La qualité d'une bonne eau-de-vie ne dépendait pas seulement du marc apporté par le vigneron. Elle tenait également à l'expérience du distillateur. Il fallait, en effet, beaucoup de savoir-faire et pas mal de flair pour chauffer correctement la machine. On ne distillait pas seulement le marc de raisin, mais également le marc de pomme (pour produire en Normandie le fameux calvados) ou de différents fruits, notamment les prunes ou les cerises.

La campagne de distillation, limitée aux mois d'hiver, commençait par l'ouverture officielle, par un agent des « indirects », des scellés qui fermaient l'alambic. Car aucune autre activité n'était autant surveillée que celle des distillateurs. Une réglementation tatillonne tournant presque à la persécution. Ainsi l'artisan était-il obligé de tenir un registre sur lequel il notait, en face du nom de chaque client, la quantité de marc apportée, la date, l'heure et la quantité d'eau-de-vie obtenue. Quant au client, il ne pouvait circuler sans un laissez-passer indiquant le moyen de transport utilisé, l'itinéraire emprunté, la distance parcourue, l'heure de départ, celle d'arrivée, etc. Les contrôles à l'improviste faits par les « gabelous », encore surnommés « rats de cave », étaient fréquents. Ces inspecteurs détestés mettaient leur nez partout sous prétexte de dénicher la bonbonne illicite ou la bouteille de goutte non déclarée.

Aujourd'hui, les jours des alambics encore en activité semblent comptés, une décision politique ayant programmé, au nom de la lutte contre l'alcoolisme, leur disparition. En effet une loi votée en 1960 a prévu que les bouilleurs de cru ne pourraient plus transmettre leur privilège à leurs descendants et que cette faveur dont ils bénéficiaient depuis deux siècles s'éteindrait avec eux.

Alambic Dujardin-Salleron

Petit alambic utilisé pour doser l'alcool par distillation (loi du 22 janvier 1907).

Bonbonne dite dame-jeanne

Surmontée d'un entonnoir en cuivre.

AU FIL DES JOURS

La lessive

« Les bras nus, Lise [...] arrosait le linge dont le cuvier était rempli : au fond les draps, puis les torchons, les chemises, et par-dessus des draps encore. [...] »

Émile Zola, *La Terre*

Les lavandières au lavoir communal de Saint-Nazaire (Aude). Après avoir été bouilli à la maison, le linge est tranporté au lavoir, puis battu et rincé à grande eau.

Page ci-contre, une lavandière du Sud-Ouest agenouillée dans sa « caisse à laver » remplie de paille, frappe le linge avec le battoir.

Pour les femmes des campagnes, laver le linge de la famille n'était pas une mince affaire. La lessive représentait l'un des temps forts de la vie domestique, une tâche pénible qui, généralement, ne revenait que deux fois dans l'année : à l'automne et au début du printemps, à condition que le temps le permette. C'était l'époque où, dans chaque armoire, s'entassaient des monceaux de draps, de chemises, de torchons et de serviettes ; l'époque où les trousseaux des futures mariées prenaient des proportions impressionnantes. Le linge de rechange ne manquait donc pas, si bien qu'on n'était pas obligé de le nettoyer souvent.

La grande lessive, la « buée » (du verbe « buer » signifiant en vieux français lessiver), s'étendait sur plusieurs jours et commençait dans la buanderie, une petite pièce proche de la maison équipée d'une vaste cheminée. L'eau courante n'existant pas, on devait aller la chercher avec des seaux au puits le plus proche, parfois à plusieurs centaines de mètres. Là, il fallait déployer beaucoup d'efforts pour tourner la grande manivelle qui actionnait le treuil autour duquel s'enroulait la chaîne remontant le seau rempli d'eau ! La veille de la buée, le linge sale était

d'abord mis à tremper dans un cuvier monté sur un trépied (bugadier, baille, bougadou dans le Sud-Ouest), un vaste baquet en bois pouvant atteindre deux mètres de diamètre, aux douelles cerclées de fer, percé à sa base d'un orifice, le pissoir ou la coulotte, bouché par une bonde en bois ou par une poignée de paille de seigle. Le linge sale était entassé dans le cuvier en couches superposées, en commençant par les pièces les plus importantes pour terminer par les plus petites. Quand le cuvier était presque plein, on le couvrait d'une grosse toile, le charrier (ou cendrier) sur lequel on disposait un épais lit de cendres parfois mêlées de racines d'iris, de branches de fenouil ou de brins de

PINCES À LINGE

Taillées dans une branche fendue. L'écorce est en partie conservée.

AGITATEUR À LINGE

Pour brasser le linge en cours de lavage dans la lessiveuse.

CARROSSE OU CASSETTE

Garni de paille, il protégeait un tant soit peu les genoux de la laveuse.

BATTOIR

Bel exemplaire, de forme élégante.

lavande. Cette cendre avait été récoltée soigneusement les semaines précédentes dans la cheminée et tamisée. La plupart des bois brûlés pouvaient faire l'affaire sauf le chêne dont la cendre risquait de tacher le linge.

Dès le matin de la buée, les « laveuses » (on disait rarement lavandières) avaient mis de l'eau à chauffer dans un chaudron suspendu dans la cheminée de la buanderie. Lorsque cette eau approchait de l'ébullition, elles la prenaient avec un « pot à lessive », un récipient souvent muni d'un long manche afin d'éviter que celles qui le manipulaient ne s'ébouillantent. L'eau chaude était versée lentement dans le cuvier. En traversant la couche de cendres, elle dissolvait les sels de potassium et de sodium qui s'y trouvaient, des éléments qui en pénétrant le linge allaient progressivement le nettoyer. L'eau était ensuite récupérée dans un seau placé à la base du cuvier et aussitôt remise à chauffer dans le chaudron, avant d'être à nouveau répandue sur la cendre. Cette opération, le coulage, se répétait de nombreuses fois, jusqu'à l'obtention d'un résultat satisfaisant.

Le lendemain du coulage, la lessive était portée dans une brouette jusqu'au lavoir pour y être rincée. Agenouillées dans une « boîte à laver » garnie de paille (le bachot, le cabasson, la caisse, l'auget... le nom de cette boîte variait d'une région à l'autre), les laveuses savonnaient une dernière fois le linge avec une brosse de chiendent sur la pierre à laver, le trempaient dans l'eau courante, le tordaient et le frappaient avec un battoir en bois (tapette en Mâconnais). (Dans certains lavoirs, des planches à laver, les « selles », évitaient aux femmes de se mettre à genoux pour frotter leur linge.)

Ces points d'eau abrités, réservés à la lessive, se multiplièrent après 1851, une loi obligeant alors chaque commune à entretenir, dans un souci d'hygiène, au moins un lavoir public. Pour les femmes du village, c'était un lieu de rencontre, l'endroit où elles échangeaient les dernières nouvelles. Les langues allaient bon train et il arrivait souvent que, tout en blanchissant les draps, ces laveuses noircissent bien des réputations ! Le linge, une fois lavé et essoré, était mis à sécher sur des fils tendus derrière la maison ou étalé directement sur une haie ou sur l'herbe.

Chaudière

En cuivre, montée sur un foyer.

L'arrivée de la lessiveuse, au début du XXe siècle, allait largement faciliter le travail des laveuses. Cette grande bassine en tôle galvanisée faisait toute seule l'opération du coulage grâce à sa colonne centrale creuse, terminée à son sommet par un pommeau en forme de champignon. L'eau, additionnée de cristaux de soude et portée à ébullition, remontait dans la colonne et retombait en pluie par le pommeau en arrosant le linge, puis elle reprenait son circuit, aussi longtemps que nécessaire.

De multiples croyances étaient attachées à la lessive. Dans certaines campagnes, par exemple, on n'aurait jamais entrepris de laver son linge pendant la semaine sainte (la semaine qui précède la fête de Pâques). On prétendait que la malheureuse qui aurait eu l'audace de laver des draps pendant cette période aurait lavé son propre linceul ou celui d'un proche. Pas question non plus faire la lessive pendant les « quatre temps », c'est-à-dire les premiers mercredi, vendredi et samedi de chacune des quatre saisons. D'autre part, les femmes qui venaient d'accoucher n'étaient pas les bienvenues auprès des laveuses car elles passaient pour faire « aigrir » l'eau et pour empêcher le linge de blanchir. Dans certaines régions de Touraine et du Berry, on s'abstenait également de faire la lessive le 25 mars, fête de l'Annonciation : on disait que, ce jour-là, les morts revenaient rôder autour des lavoirs !

Jour de grande lessive au début du XXe siècle au lavoir de Salles-d'Aude.

8. Salles-d'Aude — Le. Lavoir

Les foires et les marchés

*« C'était une bousculade de servantes, de bourgeoises,
devant les paysannes accroupies qui, venues chacune avec un ou deux paniers,
les avaient simplement posés et ouverts par terre. »*

Émile Zola, *La Terre*

*Foire aux cochons en Aveyron, au début du XX*e *siècle.*

La place du Marché-Au-Blé de Loches (Indre-et-Loire). Le marché du samedi est toujours très fréquenté et draine encore les paysans locaux.

Page ci-contre, les Galeries Lagrassiennes du village de Lagrasse dans les Corbières, un jour de marché.

Les paysans sortaient rarement de leur campagne. Seul le service militaire arrachait les jeunes gars à leur terre natale. Quant à l'horizon des jeunes femmes, il restait encore plus limité. Mis à part les événements familiaux, mariages ou décès d'un parent habitant à l'autre bout du département, les principales sorties se limitaient aux marchés ou aux foires des chefs-lieux de canton ou des villes voisines.

Ces jours-là, le mari et la femme mettaient des habits propres, la casquette du dimanche et le bonnet brodé. Même la jument, attelée à la carriole, avait droit au meilleur collier. Le couple de poulets mis à l'épinette depuis deux semaines était chargé à l'arrière de la voiture, avec les paniers d'œufs et les fromages de chèvre, sans oublier la botte de foin pour la jument. Tout au long du chemin, l'homme faisait des commentaires sur ce qu'il voyait dans les champs : sur ces parcelles si bien labourées, sur ces châtaigniers qui portaient une récolte prometteuse, sur ces malheureuses vaches qui n'avaient que des cailloux à brouter. À l'entrée de la ville, il fallait s'arrêter à

EPICERIE
RAYNAUD QUINCAILLIER

la barrière de l'octroi et attendre, derrière les autres charrettes, pour acquitter les droits. Le fermier allait ensuite déposer sa femme sur la place où se tenait le marché aux volailles. « *Là, des fermes avaient envoyé de vastes paniers à claire-voie, où chantaient des coqs et d'où sortaient des cous effarés de canards. Des poulets, morts et plumés, s'alignaient dans des caisses, par lits profonds. Puis c'étaient encore des paysannes, chacune apportant ses quatre ou cinq livres de beurre, ses quelques douzaines d'œufs, ses fromages, les grands maigres, les petits gras, les affinés, gris de cendre. Plusieurs étaient venues avec deux couples de poules liées par les pattes.* » (Émile Zola, *La Terre*)

Le paysan conduisait ensuite sa jument dans l'écurie d'une auberge ou dans la cour d'une famille amie. L'animal y attendrait ses maîtres avec sa botte de foin et un seau d'eau. L'homme allait maintenant pouvoir faire son tour de foire, se dirigeant de son pas ample et régulier de laboureur vers le marché aux bestiaux. Car, si les volailles restaient l'affaire des femmes, les hommes, eux, s'occupaient du bétail : vaches, cochons, bœufs ou chevaux. Sur le foirail, ils retrouvaient de nombreuses connaissances. D'interminables conversations s'engageaient, avec, comme fond sonore, un pot-pourri de cris d'animaux : meuglements, grognements et autres couinements. Dans le café, où ils s'asseyaient autour d'une chopine, l'atmosphère n'était pas moins bruyante : on parlait fort, on riait, on s'interpelait.

En Provence, au pied de la fontaine du bourg, on est fier de proposer un bel étal de légumes, au début du XXᵉ siècle.

Marchands de bestiaux et éleveurs parlementaient, faisaient mine de se fâcher, des jurons fusaient, avant que, par miracle, un accord n'intervienne, un accord scellé en se tapant bruyamment dans la main !

Sur le marché aux chevaux, l'ambiance paraissait moins détendue : le paysan n'achetait pas à la légère l'animal qui allait devenir son compagnon de travail pendant de très longues années. Sur ce foirail-là régnaient les maquignons, chapeaux à larges bords, amples blouses bleues ou noires, fouet à la main ; des marchands qui n'avaient pas toujours bonne réputation. On les soupçonnait d'essayer de tromper les acheteurs, de masquer l'âge réel de leurs bêtes, de cacher leurs défauts.

Le paysan qui voulait acheter un cheval prenait son temps, examinait les bêtes de tous côtés, inspectant les sabots, observant la brillance du poil, s'attardant surtout à regarder l'état des dents, leur « *extrait de naissance* », selon Georges Dubosc (*Ruses de maquignons*). Les palabres pouvaient durer des heures, avant que le paysan ne se décide à sortir de son portefeuille la liasse de billets qui conclurait l'achat, car on ne payait qu'en liquide et toutes les transactions se faisaient de la main à la main, sans la moindre paperasserie. Le soir venu, la carriole ramenait les paysans vers leur ferme. Les poulets, les fromages et les œufs du matin avaient cédé la place aux quelques objets que leur vente avait permis de se procurer : du pétrole pour la lampe, une paire de sabots neufs, un arrosoir ou un piège à taupes.

Canne toise de maquignon

Canne télescopique pour mesurer le bétail.

Peson à ressort « pocket »

L'aiguille coulisse, de haut en bas jusqu'au repère, pour afficher le poids, de 0 à 20 kilos. Cette balance portable est en usage depuis le XVIII*e siècle.*

Plaque de marchand de bestiaux

Elle affiche le numéro de patente du marchand.

Képi de garde champêtre

Plaque de garde champêtre

Tambour de garde champêtre manchot

Le roulement est obtenu mécaniquement, en tournant la manivelle de la main gauche.

Panier à volailles

En osier teinté noir.

Certaines foires étaient aussi l'occasion de recruter des domestiques ou des servantes. Ces « louées » avaient généralement lieu autour de la Saint-Jean, avant les grands travaux d'été. Les candidats à l'embauche, pour se faire repérer, portaient une marque distinctive : un épi pour les moissonneurs, une touffe de laine pour les bergers, un fouet autour du cou pour les charretiers, une feuille de chêne pour les valets de ferme, une plume de volaille pour les servantes, etc. Après un accord conclu verbalement, les domestiques étaient engagés pour une année. Sans perdre de temps, leurs maigres affaires personnelles rassemblées dans un baluchon, ils prenaient le chemin de la ferme de leurs nouveaux maîtres.

Panière ou « banne »

Pour le transport des poules, lapins, œufs...

Panier à pigeons et volailles

Crécelle en bois

Utilisée par les marchands forains pour attirer les clients.

CAGE À BARREAUX

Pour le transport des volailles.

Les occupations hivernales

« *Voici la Toussaint, le temps des veillées...* »
Vieille chanson populaire

Avec l'arrivée de l'hiver, les activités dans les champs se ralentissaient. Les jours raccourcissaient et la nuit tombait vite. C'était le temps des veillées au coin du feu. On se rassemblait entre voisins, chez l'un ou chez l'autre, devant la cheminée où grillaient les dernières châtaignes. On en profitait pour « dénoisiller » les noix : tout en bavardant, hommes, femmes et enfants cassaient les noix ramassées et mises en sacs depuis plusieurs semaines afin d'en extraire les cerneaux qui seraient portés, par la suite, à l'huilerie du village voisin.

Pendant que les mains, adroites, triaient et décortiquaient, les langues s'activaient, commentant les derniers potins du village. Mais tout le monde se taisait lorsque l'aïeule se mettait à conter une de ces vieilles légendes qu'on avait déjà entendue vingt fois mais qui faisait toujours autant frissonner, histoires de loups-garous ou de méchantes fées, d'inquiétantes sorcières ou de jeteurs de sorts !

L'hiver, c'était aussi, pour les hommes, le moment d'aller « faire du bois ». Beaucoup de familles rurales possédaient une parcelle de taillis qui leur fournissait le seul combustible utilisé alors pour le chauffage et la cuisine.

Le dénoisillage dans le Lot. Ces veillées remplissaient une fonction sociale importante : elles constituaient l'une des étapes de rencontre de la communauté.

Armé de sa hache, le paysan abattait les jeunes arbres dont le tronc ne dépassait guère la grosseur d'un bras, les sciait en rondins d'égale longueur qu'il entassait ensuite entre des piquets plantés en terre, avant de les rapporter à la maison.

Pour les besoins de la ferme : construction d'un hangar, aménagement d'un poulailler, fabrication d'une échelle, le paysan pouvait se faire bûcheron et abattre des arbres plus importants. Pour ce travail, il partait de bon matin muni des outils indispensables : une cognée sur l'épaule droite, une scie sur l'épaule gauche et une serpe accrochée à la ceinture. Arrivé au pied de l'arbre à abattre, il choisissait dans quelle direction il allait le faire tomber pour ne pas endommager les arbres voisins. Puis, il crachait fermement dans ses mains, saisissait sa cognée à bout de bras et l'abattait de toutes ses forces sur la base du tronc. À chaque coup, de larges copeaux de couleur claire se détachaient de l'arbre où se formait une entaille de plus en plus profonde. Dans le calme glacé d'un petit matin d'hiver, le bruit de la cognée sur le bois résonnait et se répercutait très loin à la ronde.

CRAMPONS D'ÉCORCEUR

Indispensables pour se maintenir sans glisser sur les arbres abattus pendant l'écorçage. Ils sont fixés aux semelles par un lien de cuir.

HACHE D'ABATTAGE

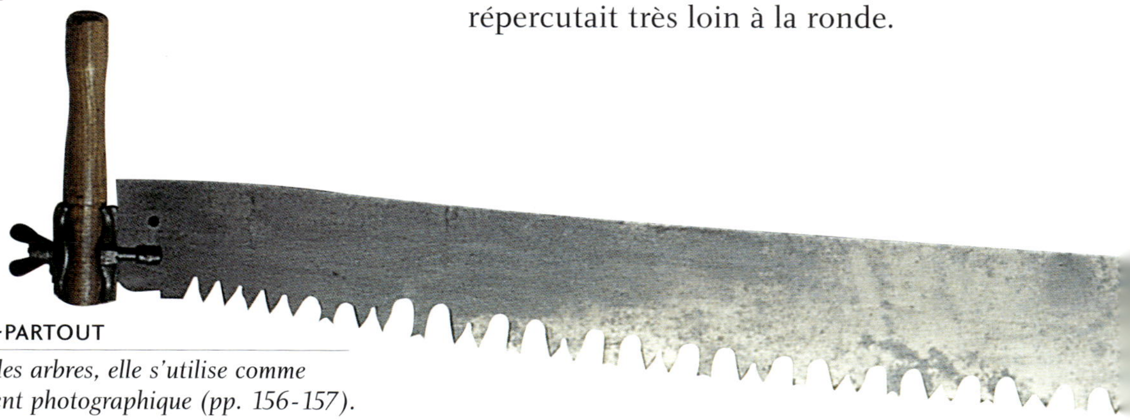

SCIE PASSE-PARTOUT

Pour abattre les arbres, elle s'utilise comme sur le document photographique (pp. 156-157).

Les coups succédaient aux coups, réguliers, adroitement dirigés, jusqu'au moment où l'arbre faisait entendre les premiers craquements. Le paysan s'arrêtait de frapper, regardait la cime qui commençait à vaciller. Un ou deux coups supplémentaires habilement placés et l'arbre, terrassé, basculait lentement vers la terre dans un fracas de tronc déchiré et de branches cassées. Il restait maintenant à le dépouiller de ses branches qui feraient du bois de chauffage. Les plus petites, coupées à l'aide de la serpe, étaient rassemblées en fagots : ceux-ci seraient bien utiles, une fois secs, pour faire du feu dans la cheminée.

La pause de midi, pour le repas amené dans la musette avec la chopine de vin ou de cidre, pouvait être l'occasion de rencontrer

BASTRINGUE

Instrument de mesure du diamètre des arbres.

Le retour du bûcheron, un matin d'automne.

TOURNE-BILLE

Utilisé pour manipuler les troncs dans le débardage du bois.

MARQUE DE FORESTIER

Porte les chiffres de 0 à 9.

d'autres bûcherons ou, parfois, des scieurs de long occupés dans les parages. Ces scieurs de long, qui œuvraient toujours par deux, venaient parfois de loin, souvent du Massif central ou du Limousin. Petits paysans durant l'été, ils quittaient leur village l'hiver pour louer leurs services dans tout le pays et ramasser quelque argent. Leur travail consistait à débiter en planches les arbres abattus, une tâche qui demandait à la fois de la force et de l'expérience. Le tronc débarrassé de tous ses branchages était d'abord scié avec le passe-partout en plusieurs billes (tronçons) dont la dimension dépendait de la longueur des planches qu'on souhaitait obtenir. S'il s'agissait d'un chêne, l'écorce était récupérée pour faire du tan, utilisé dans la préparation du cuir : pour cela, on se servait d'une hache à peler dont la lame, très large, était légèrement arrondie. Chaque bille était ensuite équarrie, c'est-à-dire vaguement égalisée puis, à l'aide d'une corde enduite d'un produit colorant (un mélange d'eau et de cendre, par exemple), le bûcheron procédait au « lignage ». « *Un cordeau préalablement imprégné de teinture rouge était fixé aux deux bouts de la bille, pincé par son milieu, soulevé de quelques centimètres et brusquement lâché ; la ligne conductrice de la scie était maintenant parfaitement tracée de façon apparente sur la blancheur du bois. La distance séparant deux lignes représentait l'épaisseur de la planche à obtenir ; en général un pouce, soit 27 millimètres.* » (Maurice Davau, *Vieux Boulots d'cheu nous*, 1986)

Les scieurs de long dans les Cévennes.

La fabrication d'un piquet : le coutre est planté dans une pièce de bois, que l'on va fendre en vrillant la lame dans l'amorce de la fente.

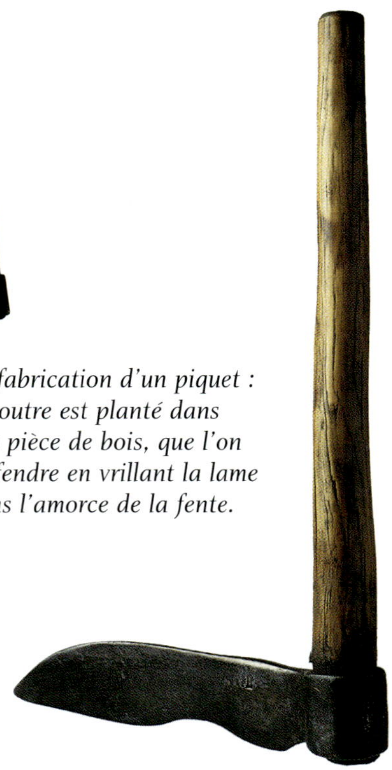

COUTRE OU DÉPARTOIR

Sert à refendre le bois selon le fil afin de partager les grosses branches en plusieurs piquets.

Coins en fer

Se glissent entre le tronc et la souche au fur et à mesure de l'avance de la scie passe-partout.

Hachette-marteau de forestier

Hachette à marquer les arbres à abattre. La partie hachette sert à écorcer localement le tronc, le marteau, qui porte en relief les initiales de l'acheteur, est frappé sur le bois. Cet exemplaire est marqué B.J.

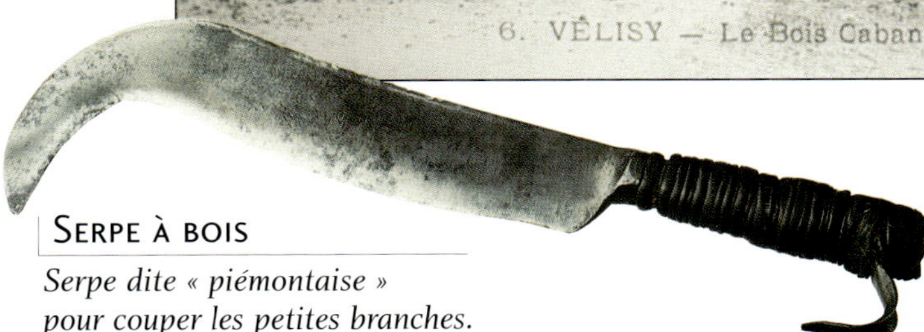

Serpe à bois

Serpe dite « piémontaise » pour couper les petites branches. Le crochet sert à dégager les branches enchevêtrées.

Hacheron

Utilisé pour appointer les piquets.

Ainsi préparée, la bille était hissée sur une chèvre (appelée aussi « mouton » ou « chantier »), une longue poutre dont un bout était posé sur le sol et l'autre supporté par une sorte de chevalet de plus de deux mètres de haut. La bille, dont une des extrémités s'avançait dans le vide, était maintenue par une chaîne. Il était temps, pour les scieurs de long, d'utiliser la « niargue » (« guitare » ou « belle-mère »), une scie aux dents bien affutées montée sur un cadre en bois qui se maniait à quatre mains, celles du « chevrier », le scieur grimpé sur la bille, et celle du « renard », son compagnon, resté à terre. À eux deux, ils imprimaient à la niargue un va-et-vient vertical, tirant et poussant alternativement, rythmant en général leurs mouvements par une chanson. Les planches découpées étaient stockées horizontalement les unes sur les autres, séparées par un tasseau pour permettre la circulation de l'air et le séchage du bois.

Dans les forêts, on pouvait aussi rencontrer des charbonniers. Installés dans une clairière où ils s'étaient construit une hutte de fortune, ils veillaient jour et nuit sur leurs meules, ces entassements de petites bûches, recouverts d'herbe et de terre, dans lesquels le bois brûlait à l'abri de l'air, se transformant peu à peu en charbon.

Pendant la saison d'hiver, les sous-bois se peuplaient donc de tout un petit monde, du chercheur de brande pour confectionner des balais, au cueilleur de houx désirant orner son sapin de Noël, sans oublier le braconnier allant relever ses collets.

Braconnier par nature

« Prenez cent paysans [...] et vous aurez quatre-vingt-dix-neuf braconniers. Si je fais une exception, c'est que j'ai tout lieu de croire que, dans le nombre, vous aurez mis la main sur un idiot ou un cul-de-jatte. »

Henry Gaillard, *La Chasse illustrée*

Le taupier ambulant passait offrir ses services de ferme en ferme.

Page ci-contre, le maréchal des logis verbalise un braconnier vers la fin du XIXe siècle.

Vivant en permanence au milieu de la nature, connaissant parfaitement les habitudes du gibier, le paysan n'attendait pas toujours l'ouverture officielle de la chasse pour déguster une perdrix aux choux, un civet de lièvre ou un cuissot de chevreuil. Il lui arrivait, lorsqu'il allait labourer une pièce de terre proche d'un bois, d'emporter discrètement avec lui son fusil et quelques cartouches fabriquées par ses soins.

L'arme, dissimulée dans un arbre creux ou dans un fourré, était prête à servir au cas où un « capucin » (lièvre) aurait la mauvaise idée de passer dans les parages. Si, dans les villages, certains pauvres bougres devenaient braconniers par nécessité, pour manger ou pour revendre le gibier à la sauvette, ce n'était pas le cas du paysan. Ce dernier braconnait plutôt par jeu, pour le plaisir de narguer les gardes, de désobéir à la loi. Une façon de contester, sans trop de risque, l'ordre établi. La fierté de se montrer « rebelle », d'affirmer sa liberté sur son territoire. Un faisan tué illégalement avait tellement plus de goût ! La saveur du fruit défendu ! Le charme de l'interdit !

Le braconnage, pratiqué dans toute la France, pouvait prendre bien des formes ; les paysans avaient à leur disposition tout un éventail de pièges destinés officiellement à détruire les nuisibles : souris, rats, taupes, renards, belettes, fouines etc., pièges qui pouvaient facilement servir à prendre des animaux plus comestibles.

L'hiver, certains braconniers attendaient avec impatience le passage des alouettes. Lorsque la neige recouvrait les champs de son blanc tapis, ils dégageaient d'étroites bandes de terre sur lesquelles ils posaient leurs cordées, de longues ficelles munies, de distance en distance, de nœuds coulants en crin de cheval. Lorsqu'un vol d'alouettes passait dans le ciel, les oiseaux, attirés par les graines traitreusement éparpillées sur le sol, descendaient et se prenaient dans les nœuds coulants des cordées. Il ne restait plus qu'à les récupérer et à leur tordre le cou. D'autres braconniers préféraient agir la nuit, utilisant une lampe à acétylène pour attirer dans leurs filets leurs proies piégées par la lumière. C'est aussi à la nuit tombante que ces maraudeurs allaient traquer, dans les ruisseaux, les écrevisses à l'aide de balances, de petits filets circulaires garnis en leur centre de morceaux de viande à l'odeur forte. Car le braconnage concernait aussi les fleuves et les rivières : nasses déposées dans des endroits adéquats, carafes en verre pour attraper goujons ou vairons, lignes de fond amarrées à la rive, garnies d'hameçons où s'accrocheraient carpes, tanches, anguilles ou écrevisses...

Les braconniers faisaient preuve de beaucoup d'ingéniosité pour pratiquer leur activité illicite !

« Au fond de tout paysan, même du plus honnête, il y a un braconnier. [...] Les collets tendus, les lignes de fond posées, des inventions de sauvage, une guerre de ruses, une lutte continuelle avec le garde-champêtre et les gendarmes. Dès que les chapeaux galonnés et les baudriers jaunes déboulaient d'une route, le père et le fils, couchés sur un talus, semblaient dormir ; puis, tout d'un coup, à quatre pattes le long du fossé, le fils allait relever les engins tandis que le père, de son air innocent de bon vieux, continuait de surveiller les baudriers et les chapeaux décroissants. (Émile Zola, *La Terre*)

APPEAU À PASSEREAUX

En corne et cuir.

PIÈGE À TAUPES

Appeau à passereaux

En terre cuite.

Carafe à goujons

Presque invisible une fois immergée, la carafe à goujons fonctionne comme une nasse : le poisson peut entrer mais ne peut ressortir. Le goulot est fermé par un bouchon.

Assommoir guillotine

Contre rats et souris.

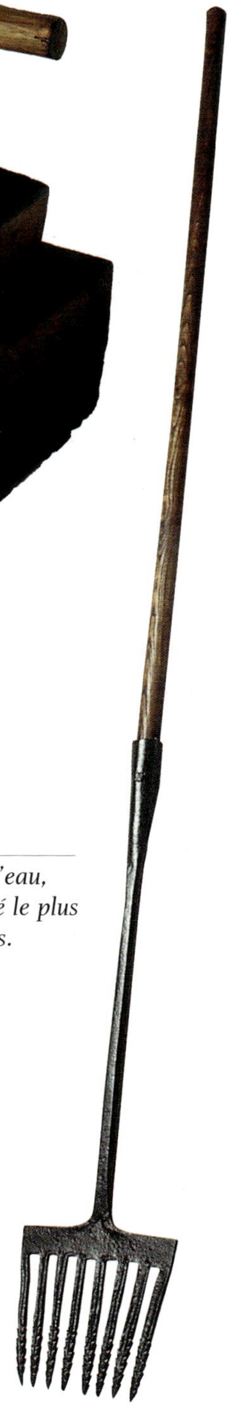

Foëne manchée

Gros harpon pour gibier d'eau, poisson ou anguille. Utilisé le plus souvent par les braconniers.

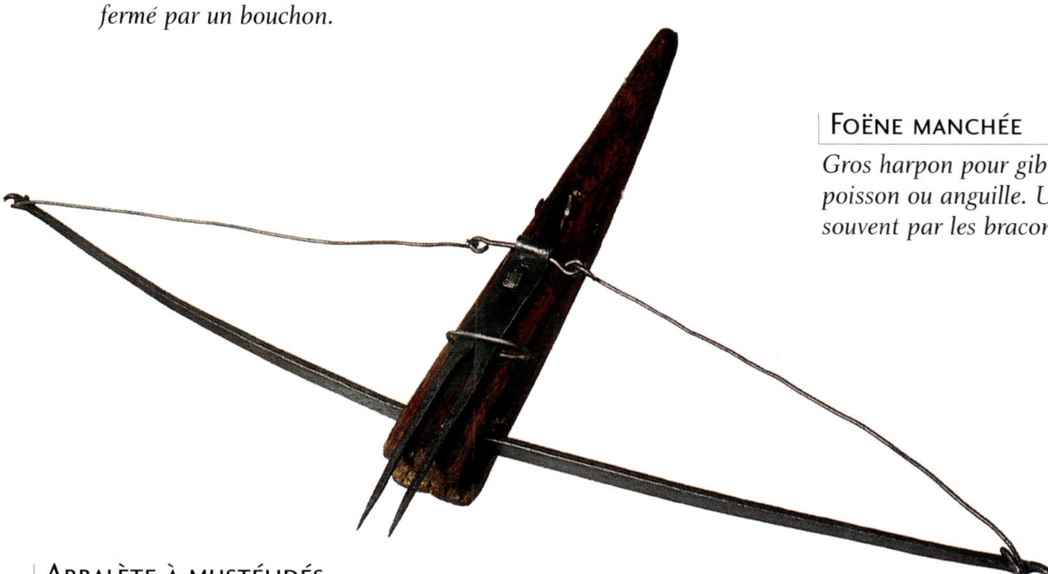

Arbalète à mustélidés

Pour la destruction des belettes, putois, furets, etc.

NASSE À POISSONS

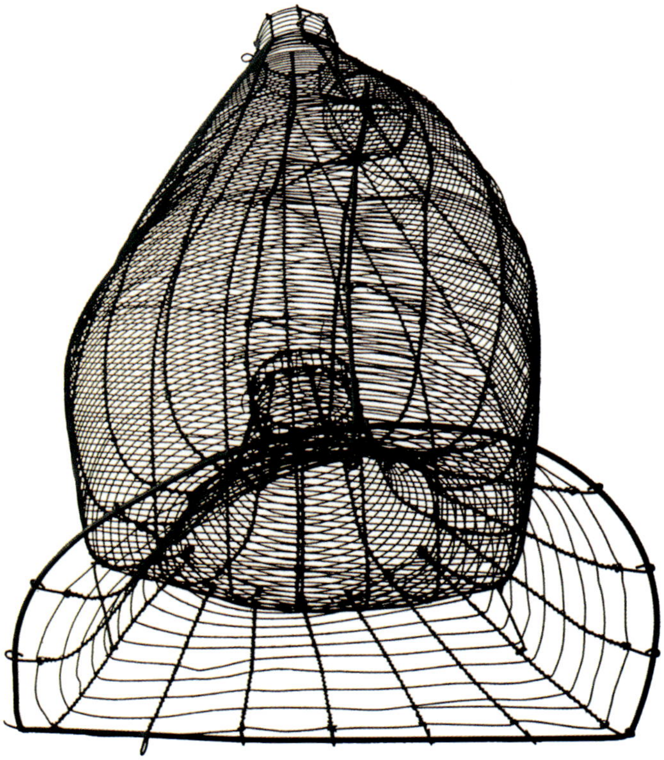

NASSE À RATS ET SOURIS

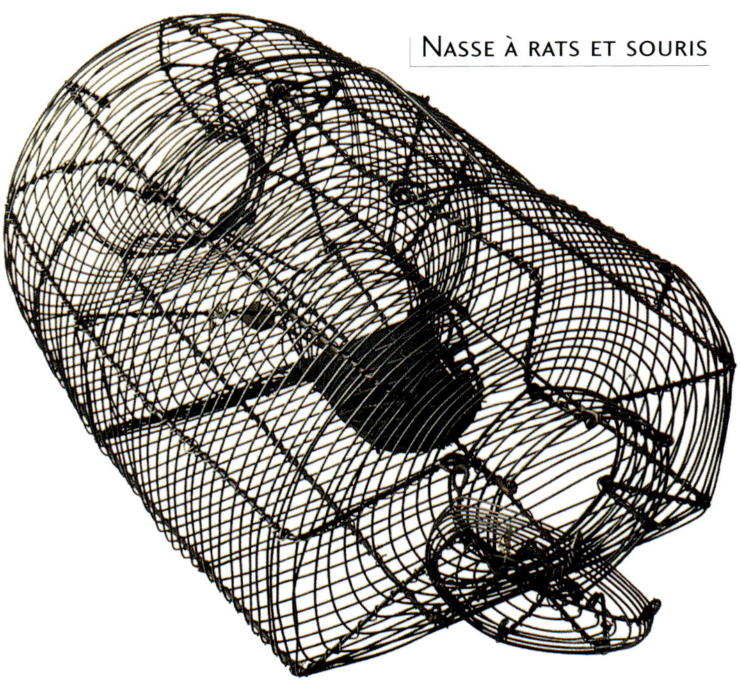

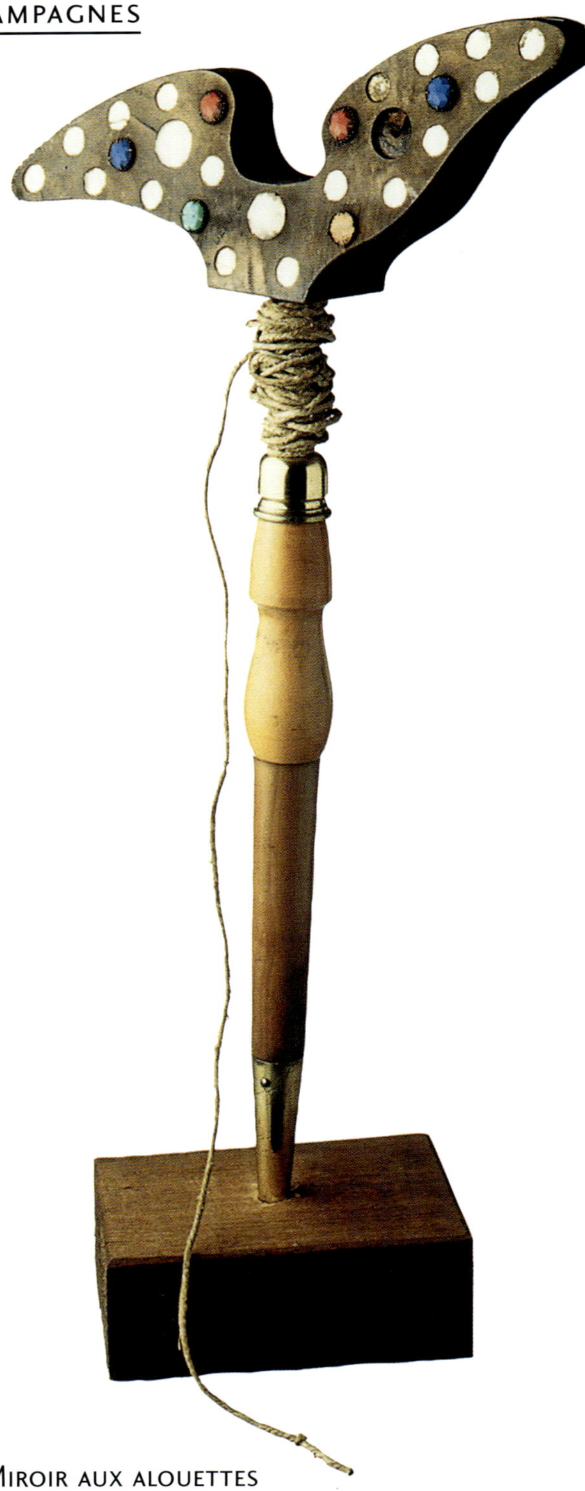

MIROIR AUX ALOUETTES

La pièce supérieure, en forme d'oiseau, tourne rapidement sur un axe. Il semble que les alouettes aient un attrait particulier pour cet objet qui évoquerait pour elles un rapace en difficulté, tournoyant au sol.

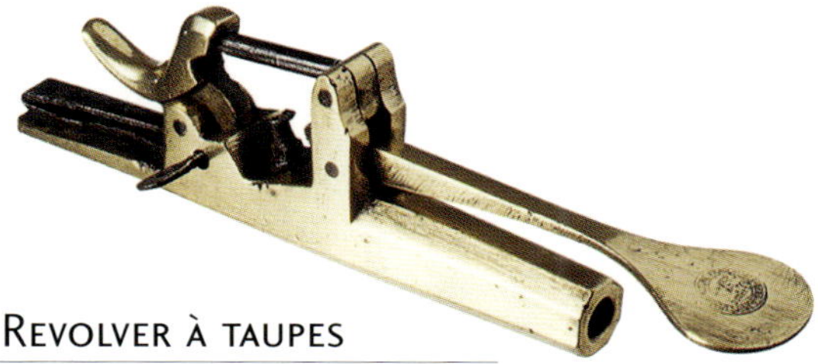

REVOLVER À TAUPES

Le coup de feu est déclenché par la taupe lorsqu'elle appuie sur la palette.

PIÈGE À TAUPES

PIÈGE À MERLES

Avec nœuds coulants en crin et dévidoir en bois. L'oiseau se prend les pattes dans le crin.

BOÎTE À FURET

La trappe permet de libérer le furet à l'entrée d'un terrier de lapin.

PIÈGE À RENARDS

CARAFE À GOUJONS

Complète, avec son bouchon et sa cordelette.

L'INTIMITÉ FAMILIALE

Un cadre de vie austère

*« On mangeait dans la cuisine, une vaste pièce
où s'allongeait une table, flanquée de deux bancs. »*
Émile Zola, *La Terre*

« *Ils pénétrèrent dans la chambre basse, noire, à peine éclairée par un carreau, devant lequel tombait une loque d'indienne normande. Les grosses poutres du plafond, brunies par le temps et enfumées, traversaient la pièce de part en part, portant le mince plancher du grenier, où couraient, jour et nuit, des troupeaux de rats. Le sol de terre, bossué, humide, semblait gras, et, dans le fond de l'appartement, le lit faisait une tache vaguement blanche.* »

Cet intérieur normand, décrit par Guy de Maupassant à la fin du XIXe siècle, aurait pu se rencontrer dans la plupart des régions de France à cette époque. Seuls les matériaux utilisés pouvaient varier en fonction des ressources locales : moellons de granit en Bretagne, tuffeau dans le Val de Loire, colombages et torchis en Normandie ; toits couverts de chaume, de lauzes, de tuiles ou d'ardoises selon les provinces.

Pendant des siècles, la maison paysanne n'avait guère évolué. Elle se réduisait très souvent à une pièce unique, basse de plafond, aux murs noircis par la fumée de la cheminée, au sol en terre battue ou couvert de carreaux de terre cuite. Une fenêtre exigüe laissait entrer la lumière avec parcimonie et la porte, mal ajustée, n'arrêtait pas totalement les courants d'air. Juste à côté,

Poche à eau

Dite également louche à eau, godet ou « couade », elle servait à puiser l'eau dans le seau et à boire à la régalade.

Un intérieur corse : le foyer au centre de la pièce ne semble pas réussir à communiquer sa chaleur aux personnages !

MOULIN À CAFÉ
Modèle Japy en fer.

SEAU À EAU FAÇON TONNEAU

l'étable permettait de bénéficier de la chaleur dégagée par les bêtes. Dans cette grande salle commune, la vie s'organisait autour de la haute cheminée aménagée dans l'un des pignons et où, toute l'année, brûlait un feu de bois. La maîtresse de maison y faisait la cuisine, dans la marmite suspendue à la crémaillère ou dans des pots posés sur le foyer. Dans le fond, s'ouvrait la gueule du four à pain. Il y a avait parfois, non loin de cette cheminée, un «potager», sorte de petit fourneau en maçonnerie, alimenté par les braises prises dans l'âtre, sur lequel on faisait mijoter le potage (d'où son nom) ou griller les harengs saurs.

Plus tard apparaîtront les grosses cuisinières en fonte avec leur foyer, leur four et, sur le côté, leur réservoir d'eau chaude. Scellée dans un angle se trouvait la pierre d'évier, un bassin peu profond sur lequel on nettoyait les légumes et où on lavait la vaisselle. C'est aussi là qu'on se lavait les mains avant de passer à table et qu'on faisait sa toilette. Dessus, en permanence, un ou deux seaux en bois, couverts d'un torchon, contenaient l'eau ramenée du puits. On la prenait à l'aide d'une cuiller à long manche, en bois également. Les eaux usées tombaient directement dans la cour, dans une rigole où pataugeaient allégrement oies et canards.

Au centre de la pièce trônait la grande table rectangulaire en chêne ou en noyer, accompagnée des bancs où la famille s'asseyait pour les repas. Peu de meubles : un pétrin, un ou plusieurs coffres, des étagères,

BONBONNE
Terre cuite en partie vernissée.

CASSE-NOISETTES
En bois peint.

CASSE-NOISETTES
Caricature en merisier.

CASSE-NOISETTES
Caricature au chapeau, en noyer.

TERRINE DITE « GRÉSALLE »

COURONNE D'OFFICE

Pour suspendre, sécher et fumer les saucissons, les andouilles et le gibier.

parfois un buffet surmonté d'un dressoir, une chaise basse à haut dossier près du feu, souvent occupée par le chat et, surtout, une grande armoire en bois d'arbre fruitier remplie de linge et possédant un tiroir fermant à clé pour mettre à l'abri les papiers de famille. Aux murs pendaient divers objets : une horloge avec ses chaînes, ses poids et son balancier en cuivre, une boîte à sel, de vieux calendriers, un crucifix flanqué de la branche de buis séchée bénie à la messe des Rameaux.

Dans cette pièce unique où cohabitaient plusieurs générations, les lits, entourés de rideaux, permettaient de s'isoler et de conserver un semblant d'intimité. En

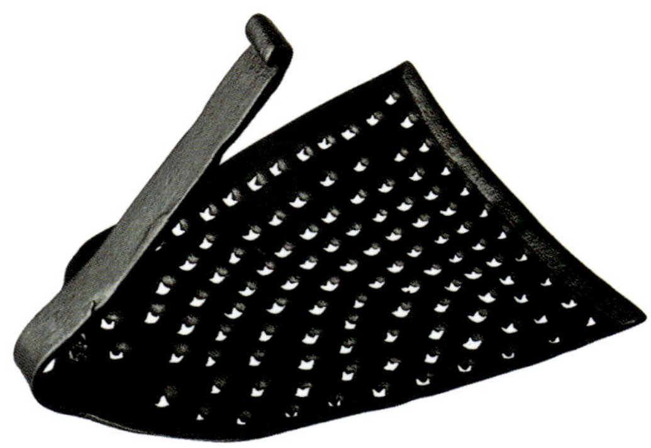

RÂPE À CROÛTES DE PAIN

Pour faire la chapelure.

PORTE-BOUTEILLE EN OSIER

CHAUFFE-PLAT

Ou réchaud de table en terre cuite.

Boîte à sel

Cafetière en fer-blanc

Panier à escargots

Coupe-sucre

Louche en bois

Joug ou jouquet

À poser sur les épaules pour transporter simultanément deux seaux d'eau ou de lait.

Carafe

Fantaisie à caricature « cochon », en faïence.

Carafe

Fantaisie à caricature « politicien », en faïence.

Bretagne, le lit clos était même, selon Pierre Jakez Hélias « *un petit appartement privé* ». Quand le dormeur s'était retiré dedans, qu'il avait refermé les deux portes à glissières, « *il était chez lui* ». Des couvertures, des couvre-pieds en laine, des édredons de plume, des oreillers moelleux permettaient de lutter contre le froid quand, pendant la nuit, le feu de la cheminée s'éteignait progressivement. Avant d'aller se coucher, on réchauffait parfois les draps glacés avec un fer à repasser ou avec une bassinoire en cuivre. On pouvait

Une scène de repas normand dans la cour d'une ferme. On peut remarquer sur la table les carafes à caricature. Carte postale datée de 1909.

aussi glisser un moine dans son lit : il s'agissait d'une chaufferette, garnie de braises, placée au milieu d'une armature en bois qui l'isolait des draps. Et, pour garder les pieds au chaud, rien de mieux qu'une brique réfractaire sortie du four et enveloppée dans un torchon, ou qu'une bouillotte en métal ou en grès, remplie d'eau chaude !

Reconstitution d'un intérieur tourangeau du XIXe siècle.

Bouillotte de lit

En grès.

Chaufferette portable

Ou chaufferette de voyage, pour réchauffer les mains.

Bassinoire ou chauffe-lit

Un monde en « clair-obscur »

« Et la veillée commença. Les femmes autour de l'unique chandelle tricotaient, filaient, travaillaient à des ouvrages qu'elles ne regardaient même pas. »

Émile Zola, *La Terre*

Le paysan vivait au rythme de la nature et des saisons. L'hiver, il se couchait tôt, alors que l'été ses journées de travail semblaient interminables. À l'intérieur de la maison, on s'éclairait surtout à la lueur du feu qui brûlait dans l'âtre et projetait sur les murs des ombres tremblotantes. Au début du XXe siècle encore, quand on devait se lever la nuit, on allumait la bougie maintenue dans un chandelier terminé au sommet par une bobèche qui recueillait la cire fondue.

Plus rudimentaires, les « rouzines » ou « oribus » étaient des chandelles de résine qu'on fixait dans une fente de la cheminée. Elles répandaient une lueur rougeâtre en dégageant une fumée noirâtre. Balzac, dans son roman *Les Chouans*, évoque cet éclairage primitif : *« Quand la nuit fut venue, Babette s'empressa d'allumer un feu clair et deux oribus, nom donné aux chandelles de résine dans le pays compris entre les rivages de l'Armorique jusqu'en haut de la Loire, et encore usité en deçà d'Amboise dans les campagnes du Vendômois. »*

Une des premières lampes à huile, le « chaleil » (ou « caleuil »), déjà citée par Rabelais dans *Pantagruel*, se composait d'un petit récipient plat en cuivre muni de plusieurs becs sur lesquels reposait le bout des mèches destinées à éclairer la pièce.

Lampe à huile

Lampe à suspendre, dite aussi « caleil » ou « chaleil ». Bel exemplaire à cinq mèches.

Lampe à essence

Un genre Pigeon en laiton.

LAMPE À PÉTROLE

Avec son verre, le corps est en laiton.

MARTINET DE CAVE

Permettait à la fois de s'éclairer et de déceler la présence de gaz carbonique dans les cuves à vin. Muni d'un long manche, il servait au boulanger pour éclairer le four.

Intérieur d'une ferme bretonne, carte postale intitulée Douce France !

PETITE LAMPE « VEILLEUSE »

À huile.

LAMPE À ACÉTYLÈNE

Avec réflecteur en laiton.

LAMPE TEMPÊTE À PÉTROLE

Un crochet permettait de la suspendre. La généralisation de la lampe à pétrole, une invention venue d'outre-Atlantique aux environs de 1850, va bouleverser le mode d'éclairage dans les campagnes. Le principe était simple : le pétrole contenu dans un réservoir montait par capillarité dans une mèche qui, en se consumant lentement, produisait une flamme vive et lumineuse. Le brûleur, en cuivre jaune finement découpé, était surmonté d'un tube cylindrique en verre qui, telle une cheminée, activait le tirage. Pour régler l'intensité de la flamme, une molette dentée permettait de monter ou de descendre la mèche dans le brûleur. Si la mèche dépassait trop, elle se consumait beaucoup plus vite et la lampe se mettait à fumer, noircissant le verre et le plafond. D'abord sur pied, ces lampes à pétrole furent ensuite conçues pour être suspendues, agrémentées d'un abat-jour en verre blanc semi-sphérique pour rabattre la lumière.

En 1882, Charles Pigeon inventa un nouveau type de lampe auquel il donna son nom. Généralement en laiton, cette lampe Pigeon, à essence minérale, avait la réputation, selon son inventeur, d'être inexplosible. Petite, moins fragile que la lampe à pétrole classique, elle pouvait facilement être déplacée et posée sur la cheminée.

Quand, la nuit, le paysan devait sortir pour mettre à l'abri une couvée de poussins menacée par l'orage ou pour s'occuper d'une vache sur le point de vêler, il décrochait sa lampe tempête, une lampe à pétrole transportable, susceptible de résister aux

Lampe de charrette

Dite « falot », cette lampe à bougie possède un réflecteur efficace, un verre faisant loupe pour améliorer l'éclairage, et un voyant rouge latéral qui indique qu'elle était placée sur le côté gauche du véhicule, plus un voyant rouge à l'arrière. Les falots servaient aussi de lanternes à main.

vents, sa flamme étant protégée par un verre bombé plus ou moins allongé.

La lampe à acétylène, apparue au début du XXe siècle, se composait de deux réservoirs superposés, celui du bas rempli de morceaux de carbure de calcium et celui du haut contenant l'eau qui, en tombant en goutte à goutte sur le carbure, produisait un dégagement d'acétylène, gaz dont la flamme était source de lumière. Son principal inconvénient était de dégager une odeur désagréable, aussi l'utilisait-on principalement à l'extérieur. Le paysan revenant de la foire à la nuit tombée accrochait à sa carriole une lanterne, munie d'une bougie abritée derrière une plaque de verre.

La « fée électricité » viendra révolutionner l'éclairage. Cependant, les campagnes les plus reculées devront attendre longtemps avant d'être alimentées, surtout dans les régions de bocage à l'habitat dispersé où chaque ferme nécessitait l'installation d'une ligne particulière. Ce n'est qu'à la veille de la Seconde Guerre mondiale que les habitations les plus isolées seront enfin desservies par le courant électrique.

SUSPENSION À PÉTROLE

En opaline blanche.

LANTERNE

Lanterne à main, à bougie, avec cheminée de tirage pour éviter que le vent ne l'éteigne.

Des mangeurs de pain et de soupe

« *La soupe est considérée, juste après le lait, comme un aliment essentiel pour les enfants, qu'elle aide à profiter.* »

Louis Lebourdais, *Les Choses qui se donnent*

L'auvergnate surveille la cuisson de la soupe, le bébé endormi et en profite pour tricoter.

Le pain et la soupe ont, pendant longtemps, constitué la base de l'alimentation des habitants de nos campagnes, agrémentés, selon les saisons, des légumes du jardin, des produits de la basse-cour ou de la viande de porc conservée salée ou fumée.

Le pain, fabriqué à la ferme, n'était pas un aliment comme les autres : il représentait pour le paysan le résultat du travail de toute une année, depuis le grain semé à la volée après les labours, jusqu'au pétrissage de la pâte dans la maie et la cuisson dans le four, en passant par les étapes importantes de la moisson et du battage des gerbes. Il en avait fallu de la peine et de la sueur pour obtenir ces miches lourdes à la croûte dorée et odorante ! Aussi, avant d'entamer ce pain durement acquis, le maître de maison ne manquait pas d'éprouver une certaine fierté et, quand il s'agissait de le porter à sa bouche, il savait en apprécier toute la saveur.

Les paysans du Nord ou du Languedoc, du Cotentin ou du Forez étaient aussi des mangeurs de soupe. Présente à tous les repas, midi et soir et souvent même au déjeuner du matin, elle calait l'estomac, passait pour donner des forces et favoriser la

Soupière

En faïence, au très populaire motif de coq.

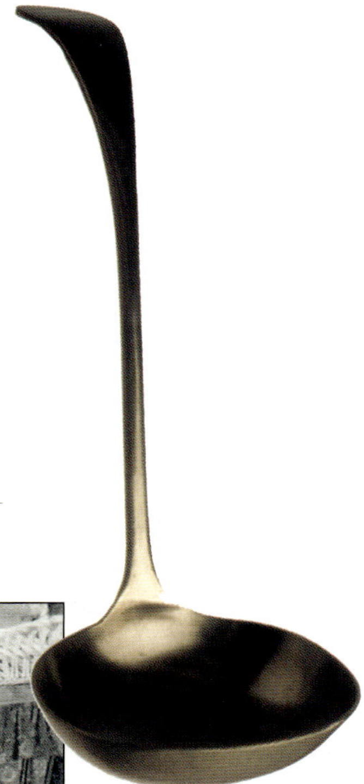

Louche

En étain.

Cuiller en bois

Vue intérieure d'une maison auvergnate, les quatre lits clos étaient garnis d'une chaude literie, adaptée au climat montagnard ; les paniers suspendus aux poutres protégeaient les victuailles des rongeurs.

Soupière en terre vernissée

Pot à cuire dit « oule »

Marmite provençale ou "oille", ancien nom du pot-au-feu.

croissance des enfants : *« Si tu veux grandir, mange ta soupe ! »*, la formule revenait comme un leitmotiv quand le garçon ou la fille rechignaient à finir leur assiettée. Des soupes variées, faites avec n'importe quels légumes : pois, poireaux, pommes de terre, carottes ; soupes à la citrouille en automne, soupes au chou en hiver ; soupes à l'oignon, soupes à l'oseille ; panades plus ou moins épaisses confectionnées avec les restes de pain. La « soupe grasse », faite avec le bouillon du pot-au-feu ou d'une poule au pot, était réservée aux jours de fête, et l'on pouvait même, dans certaines grandes occasions, l'agrémenter de vermicelle. Les repas, aux menus monotones, étaient cependant enrichis par les laitages et les œufs produits sur place, les fruits, les châtaignes, les champignons cueillis dans les prés ou les bois.

L'alimentation carnée demeurait secondaire. La viande rouge, achetée chez le boucher, restait exceptionnelle. On mangeait essentiellement de la viande blanche : celle du porc, celle des volailles de la basse-cour et celle des lapins. La dinde de Noël comme, dans certaines régions, l'oie de la Saint-Martin, étaient rôties dans le four à pain. Le gibier, chassé ou braconné, venait aussi améliorer de temps à autre l'ordinaire, tout comme le poisson pêché dans les étangs ou les mares. La consommation du poisson de mer se limitait aux harengs saurs et à la morue salée. Les huîtres, bien trop chères, figuraient rarement sur la table du réveillon : leurs coquilles étaient données à picorer aux poules pour qu'elles pondent des œufs plus résistants.

Pendant le repas, personne n'aurait commencé à se servir avant le maître de maison. En s'asseyant à sa place habituelle, ce dernier retirait de sa poche le couteau qui ne le quittait jamais ; un couteau qu'il avait bien souvent reçu à sa sortie de l'école, quand il était entré dans le monde du travail, dans le monde des hommes. Un véritable compagnon de tous les jours, utilisé dans maintes circonstances : pour tailler un rameau, couper les feuilles des betteraves, enlever la boue des sabots, saigner un poulet, ôter le caillou coincé sous le sabot du cheval, arracher un chicot qui ne voulait pas tomber... ou pour découper de larges tartines dans une miche de bon pain. Lorsqu'il se relevait de table, donnant ainsi le signal de la fin du repas, l'homme essuyait consciencieusement son couteau sur son pantalon avant d'en replier la lame pour le remettre dans sa poche, sous son grand mouchoir à carreaux.

Mortier et son pilon

Pour écraser le sel.

POÊLE À FRIRE

En fer, à très long manche, pour la cheminée.

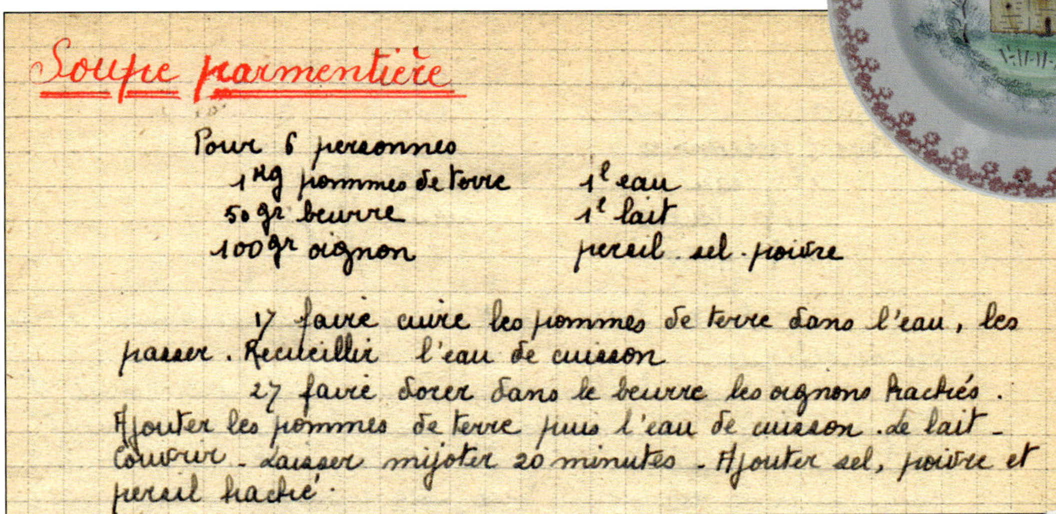

Soupe parmentière

Pour 6 personnes

1 Kg pommes de terre — 1 l eau
50 gr beurre — 1 l lait
100 gr oignon — persil . sel . poivre

1) faire cuire les pommes de terre dans l'eau, les passer. Recueillir l'eau de cuisson

2) faire dorer dans le beurre les oignons hachés. Ajouter les pommes de terre puis l'eau de cuisson . le lait . Couvrir . Laisser mijoter 20 minutes . Ajouter sel, poivre et persil haché.

ASSIETTES À SOUPE

De belle taille, en porcelaine opaque de Gien.

DAUBIÈRE

Également appelée « tourtière ». On remplissait de cendres chaudes et de braises le creux du couvercle.

Des remèdes de bonne femme

« Presque tous les hommes meurent de leurs remèdes, et non pas de leurs maladies. »

Molière, *Le Malade imaginaire*

Les paysans se plaignaient rarement. Durs au travail, ils l'étaient aussi face à la maladie. Pour beaucoup de petits ennuis de santé, ils se débrouillaient seuls, avec leurs propres recettes, utilisant ces remèdes de bonne femme qui se transmettaient de génération en génération, et qui variaient d'une province à l'autre, d'un village à l'autre.

En Touraine, par exemple, un sirop à base de limaces rouges bien écrasées devait guérir la coqueluche tandis qu'une carcasse de lapin, écartelée sur le dos d'un patient, était censée le soulager de son lumbago. Pour se prémunir des problèmes circulatoires, il était recommandé de porter en permanence trois marrons dans sa poche, etc. Contre les « coups de sang » (les congestions), on utilisait, un peu partout en France, les sangsues récupérées dans les étangs. Placées sur le cou, elles se gorgeaient de sang et soulageaient le malade selon l'antique principe de la saignée. Certains préféraient se servir de ventouses, des petits globes en verre dans lesquels on jetait un morceau de coton enflammé pour créer un vide afin qu'ils puissent se coller sur la peau. Que de brûlures furent, lors de ces opérations, occasionnées par des mains maladroites !

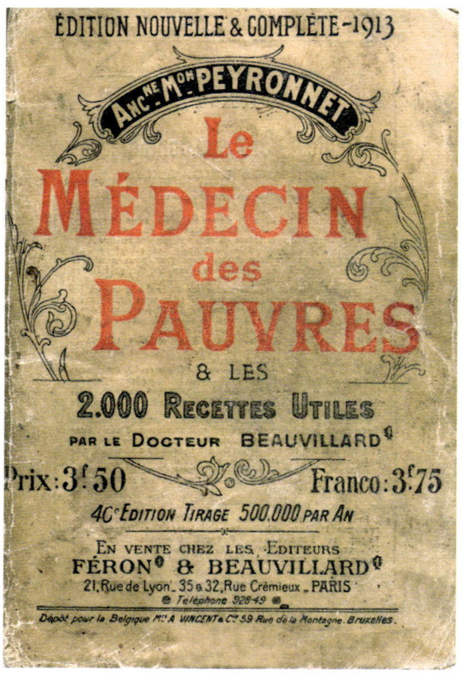

Le Médecin des pauvres, *du docteur Beauvillard, édition 1913.*

Page ci-contre, Jeune mère arlésienne, *fin XIXe siècle, tableau de Henri Boucher-Doumenc, musée Petiet de Limoux (Aude).*

On avait surtout recours aux vertus, réelles ou supposées, des plantes. L'ail, outre son pouvoir d'éloigner les sorciers, chassait les vers, calmait les rages de dents, préservait des maux de tête ; une gousse coupée en menus morceaux, trempée dans du vin blanc, faisait tomber la fièvre. La racine d'oseille sauvage « épurait les sangs » ; les pétales de rose trémière guérissaient les panaris ; une infusion de coques de noix ou de feuilles de ronce calmait la toux ; une décoction de bleuet éclaircissait la vue. Quant à l'arnica, qui faisait disparaître les douleurs et les bleus causés par les coups, éventuellement ceux donnés par un mari violent, on l'avait surnommée « l'herbe aux femmes battues ». Pour se débarrasser des verrues, on n'avait que l'embarras du choix : les frotter avec un vieil os de bœuf, avec la sève de la vigne, avec un oignon blanc trempé dans du vinaigre ou encore avec la chélidoine, une plante qui pousse sur les vieux murs et qu'on appelle d'ailleurs « herbe aux verrues ».

Les paysans pouvaient aussi demander l'aide de l'au-delà : ils avaient partout à leur disposition une foule de saints spécialisés dans la guérison de telle ou telle maladie. Il leur suffisait de se rendre à la chapelle ou à la source qui leur était dédiée et là, réciter les prières appropriées en observant le rituel fixé par la tradition. Parmi cette ribambelle de « bons » saints, on peut citer saint Roch contre les morsures de chiens, saint Blaise contre les morsures de vipères, saint Georges contre les dartres, saint Mery contre les maux d'estomac, saint Denis contre les maux de tête, sainte Claire ou sainte Lucie contre les troubles de la vue, sainte Marguerite contre les maux de reins ou les accouchements difficiles, et bien d'autres encore, beaucoup de ces saints n'ayant qu'une notoriété très locale.

Bidet à couvercle
En bois et tôle émaillée.

BIBERON DE MALADE

Dit « canard » ou « pipette », en porcelaine.

CANARD OU PIPETTE

En porcelaine.

SEAU D'AISANCE

En terre cuite vernissée.

EMBOUT D'IRRIGATEUR VAGINAL

En porcelaine.

IRRIGATEUR VAGINAL

En laiton et étain.

Malgré tout, quand ils n'arrivaient pas à se soigner eux-mêmes, avant de se résigner à appeler le médecin, les paysans avaient d'abord recours à un guérisseur. Il existait, dans la plupart des villages, un rebouteux, homme respecté pour son savoir-faire, capable de remettre en place les membres déboités, que ce soit ceux des hommes ou ceux des bêtes. D'autres guérisseurs, généralement des femmes, possédaient le don d'« arrêter » le feu (on disait aussi « barrer » le feu). Ils soulageaient les douleurs des gens qui s'étaient brûlés ou ébouillantés et facilitaient la cicatrisation rapide de la peau. Le vartaupier était un curieux personnage. Considéré un peu comme un sorcier, il guérissait une étrange et douloureuse maladie, aujourd'hui disparue, la vartaupe, qui se caractérisait par une forte fièvre et l'apparition de furoncles purulents sur la nuque. L'homme opérait toujours avant le lever du soleil, imposant ses mains sur les zones infectées en marmonnant quelques formules incompréhensibles et promettant que, les jours suivants, le mal aurait disparu ! Les maux les plus répandus concernaient les dents. Sans soins particuliers, elles se cariaient vite, provoquant des rages douloureuses. On avait beau user d'un tas d'astuces pour soulager la douleur, lorsqu'elle devenait insupportable, il fallait bien se résigner à aller trouver l'arracheur de dents. Encore

Le rebouteux à ses œuvres sur un patient creusois. Les autres personnages attendent leur tour.

VENTOUSE EN VERRE

TROUSSE COMPLÈTE D'ARRACHEUR DE DENTS

Comprenant la tenaille dite « davier », deux formes différentes de clé de Garangeot destinées à bien cramponner les dents récalcitrantes pour les arracher, et trois modèles de curette.

devait-on attendre un jour de foire car ce praticien ambulant n'installait son estrade sur la place des bourgs que pour les grandes occasions. Pendant qu'il opérait, à l'aide d'outils rudimentaires, les deux ou trois musiciens qui l'accompagnaient jouaient à tout rompre afin de couvrir les cris du malheureux patient.

CLYSTÈRE

Dit clystère « soi-même », car le tuyau en caoutchouc permettait de s'administrer soi-même le lavement en gardant la seringue à portée de main.

CLYSTÈRE

Ou seringue à lavement en étain. Molière avait, en son temps, longuement évoqué les bienfaits de ce traitement.

Lors des accouchements, les parturientes ne bénéficiaient pas toujours de l'assistance d'une sage-femme ou d'un médecin. C'était souvent la grand-mère ou une voisine qui se chargeait de recevoir le nouveau-né et de couper le cordon ombilical qu'on s'empressait d'enterrer dans le jardin de peur qu'un animal ne vienne à le manger, ce qui aurait porté malheur au bébé. L'accouchée était considérée comme impure et ne devait pas pratiquer certains gestes symboliques comme, par exemple, couper du pain ou tremper la soupe. Pour retrouver sa pureté, elle devait se soumettre au rite des relevailles. Pour cela, quelques jours après la naissance, elle se rendait à l'église de sa paroisse où le prêtre la bénissait et la lavait de toute souillure. Elle pouvait alors rentrer chez elle et reprendre ses activités habituelles.

Ces enfants qui naissaient dans les campagnes françaises avaient leur destin tout tracé. Comme leurs parents, ils seraient paysans, répéteraient les mêmes gestes, laboureraient les mêmes champs, vendangeraient les mêmes vignes, illustrant ce que le poète appelait « *l'ordre éternel des champs* » !

C'était, du moins, ce qui se passait avant la Première Guerre mondiale. Ensuite, une véritable tempête souffla à travers le pays, déracinant tous ces hommes de la terre pour les emporter vers les grandes villes et les plonger dans un autre univers, au cœur d'une autre civilisation.

Aujourd'hui, dans les campagnes désertifiées, les traces de cette agriculture d'autrefois s'effacent, et les objets utilisés par nos ancêtres ruraux font le bonheur des brocanteurs et des collectionneurs nostalgiques. Puissent les photos de ces pages contribuer à les sauver de l'oubli !

Biberon

« Le Parfait », en verre.

Lavabo-fontaine

En tôle émaillée.

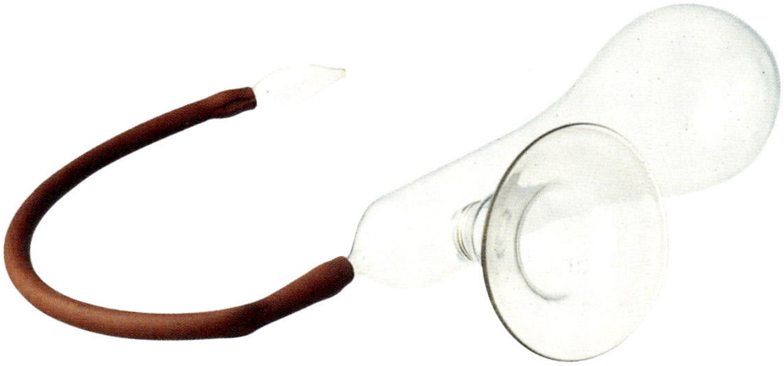

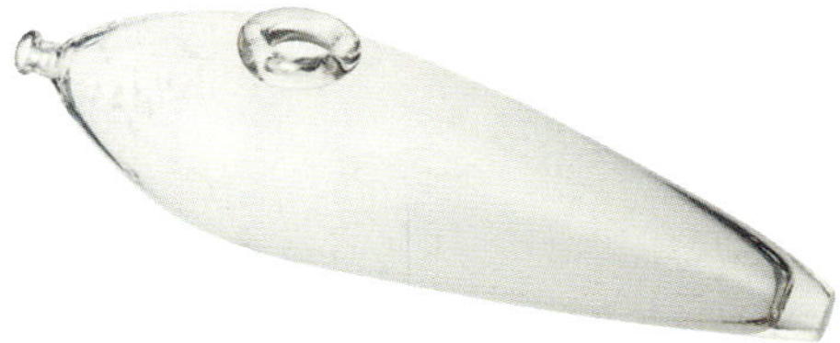

Biberon long en verre

Tire-lait

Avec tuyau à aspirer, en verre et caoutchouc.

Tire-lait

À poire, en verre et caoutchouc.

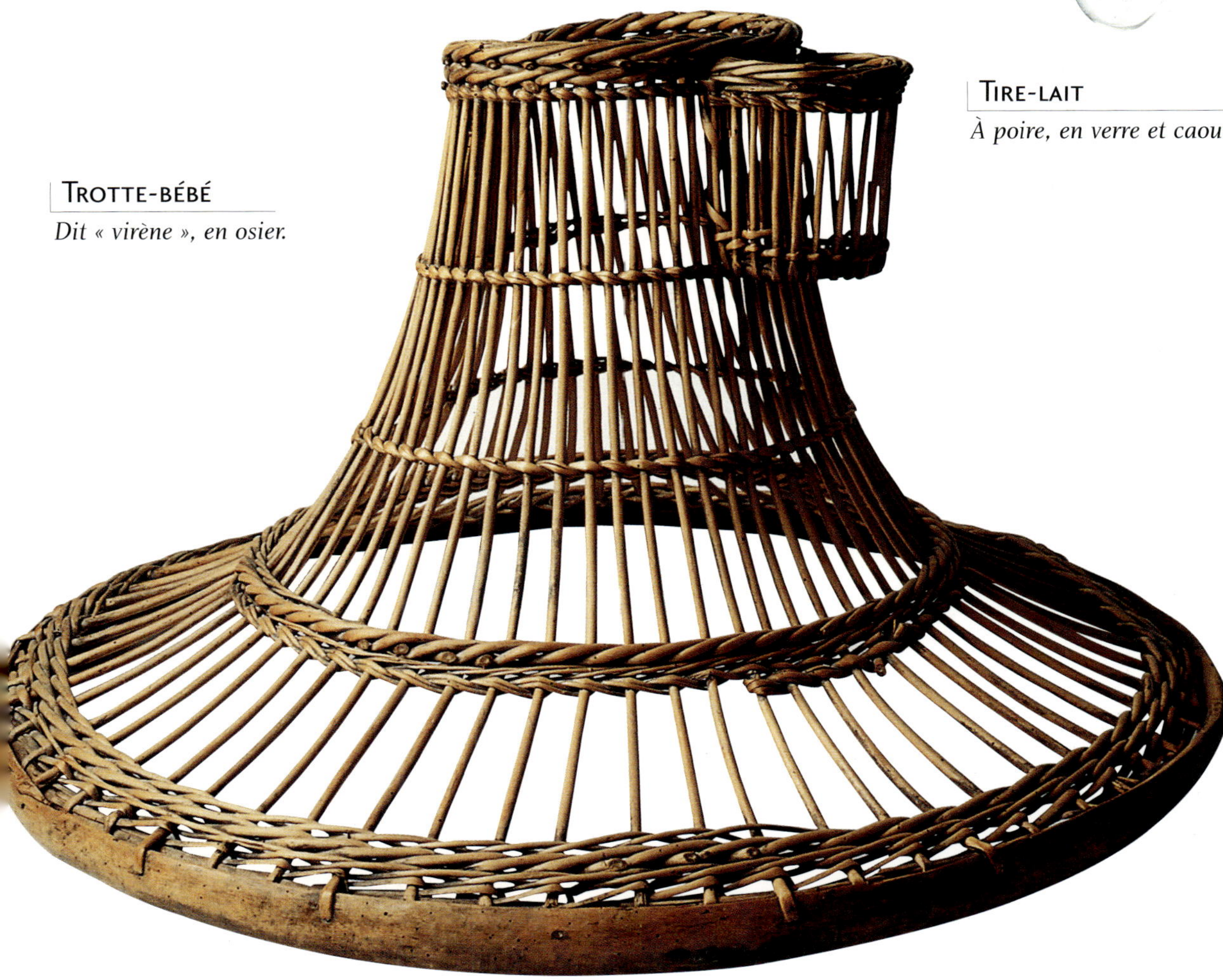

Trotte-bébé

Dit « virène », en osier.

Quelques musées en France

Maison-musée de l'abeille et du miel
04500 RIEZ

Écomusée de la vallée de Roudoule
06260 PUGET-ROSTANG

Musée des Vieux métiers d'autrefois
Les Forges de Pyrène
09330 MONTGAILLARD

Écomusée départemental historique
du Rouergue
12000 RODEZ

Écomusée du Larzac
12230 LA CAVALERIE

Écomusée des Arts et Métiers
12330 MARCILLAC-VALLON

Musée camarguais
13200 ARLES

Conservatoire des techniques fromagères
14170 SAINT-PIERRE-SUR-DIVES

Écomusée de la Margeride
15390 LOUBARESSE

Maison paysanne oléronaise
17370 GRAND-VILLAGE (OLÉRON)

Maison de l'âne du Poitou
17470 AULNAY

Écomusée de la Maison comtoise
25360 NANCRAY

Fromagerie-musée
25620 TRÉPOT

Boulangerie rurale
27350 LA HAYE-DE-ROUTOT

Écomusée du Conservatoire
du Machinisme agricole
28630 SOURS

Écomusée des Techniques et Traditions
rurales
29190 PLEYBEN

Moulin de Kerouat
29450 SIZUN

Écomusée de la Lomagne
32340 MIRADOUX

Écomusée libournais
33570 MONTAGNE

Parc naturel régional du Haut-Languedoc
34230 PAULHAN

Écomusée du Pays de Rennes
35000 RENNES

Écomusée de la Brenne et du Pays Blancois
36300 LE BLANC

Musée de l'Outil
37350 LA CELLE-GUÉNAND

Écomusée Nord-Dauphiné
38090 VILLEFONTAINE

Écomusée du Roannais
42300 ROANNE

Écomusée de l'Armagnac
40240 LABASTIDE-D'ARMAGNAC

Écomusée de la Grande-Lande :

- site de Luxey
40430 LUXEY
- site de Marquèze
40630 SABRES

Parc naturel régional de Brière
44720 SAINT-JOACHIM

Écomusée du Mont-Lozère
48220 LE PONT-DE-MONTVERT

Écomusée du Village champenois
51240 NUISEMENT-SUR-COOLE

Écomusée du parc naturel régional
de la Montagne de Reims
51480 POURCY

Musée conservatoire du Machinisme agricole
52220 DROYES

Écomusée de la Vie rurale
54360 VIGNEULLES-LÈS-HATTONCHÂTEL

Écomusée de la Ferme et des Vieux Métiers
56460 SERENT

Maison du bocage
59177 SAINS-DU-NORD

Écomusée de Fourmies-Trélon
59610 FOURMIES

Musée Agrivap
63600 AMBERT

Musée de l'agriculture catalane
66130 SAINT-MICHEL-DE-LLOTES

Musée de l'Outillage forestier
67000 STRASBOURG

Écomusée de Haute-Alsace
68190 UNGERSHEIM

Écomusée de la Bresse bourguignonne
71270 PIERRE-DE-BRESSE

Écomusée de la Basse-Seine
76580 LE TRAIT

Musée du Mouton et de la Bergerie nationale
78120 RAMBOUILLET

Écomusée de Saint-Quentin-en-Yvelines
78990 ÉLANCOURT

Conservatoire du machinisme
et des pratiques agricoles
79230 PRAHECQ

Centre de découverte
du marais breton vendéen
85550 LA BARRE-DE-MONTS

Écomusée de Vendée
85590 LES ÉPESSES

Écomusée du Montmorillonais
86500 MONTMORILLON

Musée des Feuillardiers
87230 CHÂLUS

Écomusée de la Scierie de la Hallière
88110 CELLES-SUR-PLAINE

Écomusée de Fresnes
94260 FRESNES

Remerciements

Nous remercions tout particulièrement messieurs Georges Gaubert et Christophe Ridet, non seulement pour nous avoir autorisés à reproduire leurs collections personnelles d'objets, mais plus encore pour leur accueil chaleureux, leur disponibilité souriante, leur confiance. Sans eux, ce livre n'aurait tout simplement jamais existé !

Références

Les noms d'objets sont tirés d'ouvrages généralistes tels que l'Encyclopédie de Diderot et d'Alembert, le catalogue de la Manufacture de Saint-Étienne et de diverses publications techniques et commerciales du début du XXe siècle.
Certains objets typiquement régionaux ne possèdent pas, à notre connaissance, de nom français équivalent : nous avons donc indiqué leur nom usuel dans leur région d'origine.
Nous nous sommes attachés, dans cet ouvrage, à décrire les constantes de la vie rurale des campagnes françaises vers le début du XXe siècle, sans ignorer que des spécificités régionales significatives existaient dès cette époque.

Crédits photographiques

Couverture : Jean-Paul Paireault

(Réalisée au Musée de l'Outil de La Celle-Guénand, Indre-et-Loire)

Toutes les photographies illustrant cet ouvrage sont
de Richard Nourry et de Jean-Paul Paireault exceptées :
Patrice Cartier : p. 3, 5, 8, 10, 14, 15, 18, 20, 21, 22, 27, 31, 32, 38, 39, 42, 45, 49, 50, 51, 60, 62, 65, 69, 79, 82, 84, 89, 90, 93, 110, 111, 122, 123, 125, 128, 136, 140, 142, 143, 144, 182, 183 ;
Thierry Tarboureich : p. 109 ;
Noël Vérité : p. 131 ;
Collection Guy Bodier : p. 92 ;
Collection Yannick Passe : p. 155 ;
Collection Annie Velier : p. 181.